Toni Schwarz

Dubble Bubble, Beat und Bärendreck
Rückblicke

Toni Schwarz

Dubble Bubble, Beat und Bärendreck

Rückblicke

Rediroma-Verlag

Bibliografische Information der Deutschen Nationalbibliothek:
Die Deutsche Nationalbibliothek verzeichnet diese Publikation in der Deutschen Nationalbibliografie; detaillierte bibliografische Daten sind im Internet über http://portal.dnb.de abrufbar.

ISBN 978-3-98527-873-2

www.rediroma-verlag.de
9,95 Euro (D)

Inhalt

Prolog

Geht es Ihnen nicht auch so? Im Laufe der Jahre sammeln sich in den Schränken, im Dachboden, im Kellerraum berufliche und private Sachen an, die man schon Jahre nicht mehr benutzt oder in die Hand genommen haben. Irgendwann kommt man nicht mehr herum, aufzuräumen und sich von einigen Teilen zu trennen, um Platz zu schaffen. So kam ich auf die Idee, mich von dem Ballast der unzähligen Fotoalben, Super8-Filmen samt Ausrüstung und dem alten VHS-Videomaterial zu befreien. Dabei bemerkte ich, wie mühevoll und nervig solch eine Aufräumaktion ist.

So saß ich neulich auf meinem Bürostuhl vor einem Berg Fotoalben, um sie mühsam mit meinem Flachbettscanner aufzunehmen, damit sie digital als Dateien auf meinem PC landen. Sollten Sie ebenfalls auf eine solche Idee kommen, dann beherzigen Sie meinen Rat:
Wenn Sie es nicht unbedingt machen müssen, lassen Sie die Finger davon! Warum? Anstatt die Bilder flott einzuscannen sitzt man erst einmal da und schwelgt bei jedem Foto in Erinnerungen. Manchmal war es ein schönes, zuweilen war es aber auch ein sehr bedrückendes Erlebnis. Längst vergessene Erinnerungen stiegen in meinen Kopf hoch und trieben mir gefühlt literweise Wasser in die Augen. So ging es mit meinem Foto-Album Bild für Bild, Seite für Seite. Das Einscannen dauerte Stunden, Tage, Wochen. Ebenso lange benötigte ich zum Digitalisieren meiner alten Super8-Filmchen und der Videokassetten. Die Freude über wiedererwachende Erinnerungen überdeckten dabei den Ärger über die schreckliche Bildqualität der digitalen Ergebnisse. Während ich so dasaß und die Erinnerungen in mir hochkrochen, reifte die Idee,

meine Erlebnisse aufzuschreiben. Also setzte ich mich an meinen „Blechidioten“, um meine Gedanken in die Computertastatur zu hämmern. Währenddessen fielen mir immer mehr Jugendsünden ein, die ich nicht alle hier wiedergeben werde, weil manche davon eventuell nicht ganz jugend- oder straffrei wären - obwohl sie heute vielleicht längst verjährt sind.
(Nein, selbst wenn Sie noch so darauf drängen, ich schreibe ned alles! :-)

Während ich meine Erinnerungen notierte, denke ich mir, dass sich beim Lesen bestimmt mancher „Oldie“ oder auch „Youngster“ wiedererkennt. Oder es interessiert Jüngere, wie wir Alten damals ohne die heutigen technischen Errungenschaften und ohne die Annehmlichkeiten der heutigen überdimensionalen „Sozialabsicherungs-Welt“ (über)lebten. Manche kritischen Leser mögen mir verzeihen, dass nicht alle Kapitel dieses Buches chronologisch aneinandergereiht sind, da ich manche Erlebnisse nach über 50 Jahren aufschreibe und mir meine Erinnerung manches Mal einen Streich gespielt haben mag.

Außerdem bitte ich, nicht alle meine Aufzeichnungen und Bemerkungen für bitterernst zu nehmen, da sich mein eigenwilliger „fränggischer Schwarz-Humor“ in manchem Kapitel widerspiegelt, der für manche Mitmenschen etwas zu ironisch oder sarkastisch wirken mag.

Kapitel: Goldene Jahre

In diesem Kapitel schreibe ich über allgemeine Begebenheiten und mache Anmerkungen zu den 60-er bis 80-er Jahren.

Zugegeben, unsere Beat-Band, in der ich mitwirkte, war in den 1968-er bis 1970-er Jahren relativ erfolglos! Aber wir hatten zusammen riesigen Spaß, wahrscheinlich mehr Spaß als manche super-erfolgreichen Topmusiker. Jedenfalls möchte ich die Zeit und die Erinnerung daran nicht missen und bin unendlich dankbar, dass ich meine Jugend gerade in diesen Jahren ausleben durfte. Ich träume heute noch von dieser Epoche des Aufbruchs in eine Freiheit und erweiterte Mobilität und bin der festen Überzeugung, dass dies dazu die kreativste Zeit der gesamten Musikgeschichte war. Alle Stilrichtungen heutiger moderner Songs finden ihre Wurzeln in jenen Jahren. Manche Bands und viele Interpreten – heute Legenden, um nicht zu sagen „Musikgötter" - waren damals ihrer Zeit weit voraus. So zum Beispiel die Beatles, Cream, Uriah Heep oder Jimmy Hendrix, um nur ein paar „Hochkaräter" zu nennen. Wir hatten damals die Chance, wenn es der Geldbeutel und unsere Eltern erlaubten, viele dieser Ausnahmemusiker und Bands live zu erleben. Ständig in Erwartung neuer Songs von diesen Musikern. Dabei wurden wir damals mit deren Top-Hits förmlich überschüttet. Wie waren doch diese Bands und deren Hits in höchsten Maßen kreativ und deren Sounds unterscheidbar, im Gegensatz zu diesem derzeitigen Einheitsbrei musikalischer Darbietungen. Die heutigen Jugendlichen tun mir unendlich leid, dass sie eine solch wunderbare und erlebnisreiche Zeit nie erfahren werden.

Neulich machte ich während meiner täglichen Walkingrunde eine kleine Verschnaufpause auf einer Parkbank. Es dauerte nicht lange, da setzte sich ein Jugendlicher mit falsch herum aufgesetzter Baseballkappe neben mich, schüttelte sein Haupt und jammerte andauernd:

„Boah jeah, boah, krass, so´n Bullshit, is ja irre!“. Weil das einige Minuten lang so ging, fragte ihn vorsichtshalber, ob ich ihm irgendwie behilflich sein kann. Er schaute mich erst fragend an und erklärte dann:

„Hey Alder, ist doch affengeil, jedes Mal, wenn ich mit dem Finger über mein neues Smartphone streiche, löst sich das Display!“

Daraufhin habe ich ihn gefragt wie er heißt. Er maulte:

„Kevin! Grufty, was fragst Du so assig?“

Ich schaute ihm tief in die Augen und sprach mit ruhiger Stimme:

„Lieber Kevin Grufty, das was Du in Deiner Hand hältst nennt man Buch!“

Weiterhin klärte ich ihn auf, dass man so ein Teil dazu benutzen kann, um darin zu lesen, falls man lesen gelernt hat. Ich erklärte ihm weiterhin, dass so ein Werk gegenüber einem Smartphone und einem Computer prägnante Vorteile bietet. Zum Beispiel kann man es ohne Akku oder Strom lesen, deshalb braucht es auch nicht aufladen. Somit kostet es keinen Unterhalt. Es braucht keine lange Anlaufzeit und ist sofort benutzbar. Will man es entsorgen, geschieht dies umweltfreundlich in der Altpapiersammlung oder man verwendet es, um den Kamin anzuschüren. Äußerst nützlich beweist es sich auch bei eintretender Klopapierknappheit. Hast Du einmal Ärger mit Deiner Frau, Freundin oder Deinem Hund, kannst Du das Werk nach ihnen werfen, ohne dass das Buch merklichen Schaden nimmt. Mittels eines eingelegten Lesezeichens findest Du in Sekundenschnelle die Fortsetzung Deines Lesevergnügens. Du kannst mit dem Buch sogar

Blumen oder schöne Herbstblätter pressen. Versuch das einmal mit Deinem Smartphone oder einem Computer! Und sollte einmal der Tisch im Lokal oder im Wohnzimmer wackeln, weil ein Bein zu kurz ist, wäre so ein Buch bestimmt äußerst nützlich!"

Kevin war sichtlich beeindruckt. Offensichtlich hatte er in den letzten fünf Minuten mehr von mir gelernt wie in den vergangenen 13 Jahren in der Schule. Als er aufstand murmelte er etwas wie:

„Bist ja ein Swaggernaut"

Ich wusste in diesem Moment zwar nicht, was das bedeutete, aber nachdem ich daheim gegoogelt habe, war ich sogar ein wenig stolz.

Wir Kinder des letzten Jahrtausends waren noch ohne Smartphone und Computer glücklich und zufrieden. Es gab an jeder Straßenecke hübsche gelbe Kabinen, in die wir gingen, um dort Groschen in einen Schlitz in einen an der Wand angebrachten Kasten zu stecken. „Groschen" nannte man damals die 10-Pfennigstücke, eine Münze in der Deutsche Mark-Währung. Wir steckten zwei dieser Münzen in den Schlitz eines solchen „Groschengrabes". Dann führten wir an einer, mit Zahlen unterlegten sogenannten Wählscheibe, einen Zeigefinger in ein Loch, um mittels Drehbewegungen im Uhrzeigersinn eine Telefon-Nummer zu wählen. Mit dieser Aktion konnte man zum Beispiel mit seiner Liebsten, mit der Polizei oder der Feuerwehr ein Rendezvous ausmachen. Bevor man sich vor Liebeskummer von einer Brücke stürzte, konnte man mittels dieser Wählscheibe und einem knochenartigen Hör- und Sprechgerät, mit seiner Angebeteten, der Seelsorge oder einer leichten Dame seines Vertrauens Kontakt aufnehmen. Man erlaube mir die spöttische Bemerkung:

„Damals wussten wir noch, wo unser Telefon ist - und nicht umgekehrt!“

Was bekam man damals noch alles für ein solch ein Zehnerle?

Zum Beispiel eine Bild-Zeitung oder einen Mohrenkopf. Ja, damals hieß er noch so. Dazwischen hieß er Negerkuss. Heute in Zeiten des aberwitzigen Umbenennungs-Chaos würde man dazu „schokoladenüberzogenes Schaumgebäck mit Migrationshintergrund“ sagen, zum Christbaum „Nadelgewächs mit religiösem Hintergrund“ und zum Zigeunergulasch „Fleischbrocken in Soße fahrender Volksgruppen!“ Das Pausenbrötchen von damals, ein Mohrenkopf zwischen zwei Hälften eines Brötchens gepresst, das damals je nach Region Boxer, Platsch, Datschweckle, Klatschbrötchen, Gedatschde, Schokokuss Dibbelchen oder Fortunabrötchen hieß, nennt man heute wahrscheinlich Brötchen mit schokoladenüberzogenem Schaumgebäck mit Migrationshintergrund. Es wird noch so weit kommen, dass man eine Mohrrübe einen Migrations-Stängel nennt. Noch schrecklicher, finde ich ist dieser irre Genderwahn. Da nennt man diese Rübe dann wahrscheinlich Migrations-Stängel*in. (Dazu fällt mir weiterer Blödsinn ein: Ist die Frau eines Majors die Majonese, die Frau vom Emanuel Kant die Kantine und die weibliche Person die einen Opel Manta fährt ist das die Mantarine, die Frau eines Nazis eine Narzisse, die Frau vom Mozart eine Mozarella?)

Was für ein Irrsinn!

Und nun frage ich Sie: Ist dieser deutsche Genderwahn nicht das bisher größte Verbrechen an der deutschen Sprache?

Reisen wir nun lieber wieder zurück zu meiner Jugendzeit:

Steckten wir eine 10-Pfennig-Münze in einen an manchen Hauswänden angebrachten rot-weiße Automaten und betätigten den Drehknopf, kam unten am Auswurf meist eine versiffte, durchfeuchtete Kaugummikugel heraus. Wenn man Glück hatte auch ein Goldring aus Plastik, den man seiner Liebsten in Ermangelung eines echten Goldschmuckes an den Finger steckte.

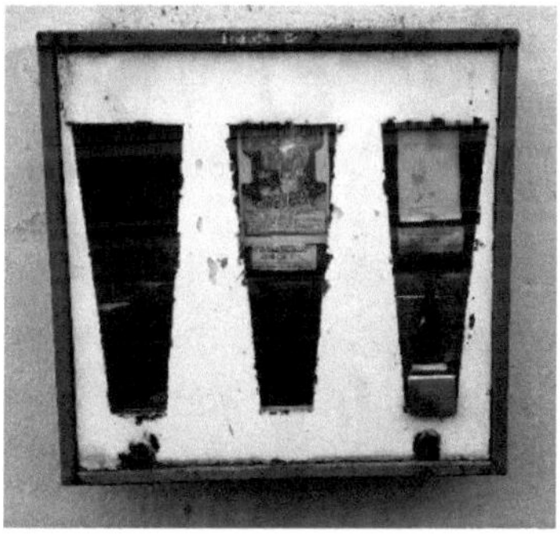

Meine Geschwister und ich sind in Rothenburg geboren und aufgewachsen.

Unsere „Hausbank“ war das Café Wündisch in der Unteren Schmiedgasse. (Gegenüber befindet sich auch heute noch das Hotel Glocke, nahe dem japanischen Touristenmagnet, dem Plönlein, einem weltweit bekannten mittelalterlich anmutendem Stadtbild.) In diese „Hausbank“ trugen wir Kinder regelmäßig und zeitnah unser Taschengeld. Dafür bekamen wir nach Früchten schmeckende sogenannte Rundlutscher in Kegelform mit einer Plastikfigur als Stiel.

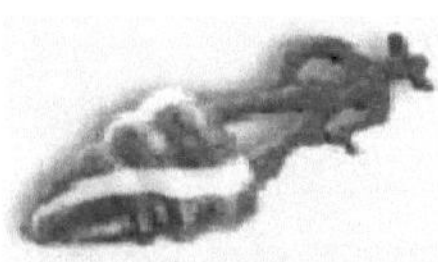

Wenn wir uns beim Wündisch eine „Leckmuschel“ kauften dachten wir dabei an nichts Schlechtes. Dies war eine echte kleine Muschelschale, in deren Hohlraum eine bonbonartige Zuckermasse klebte.

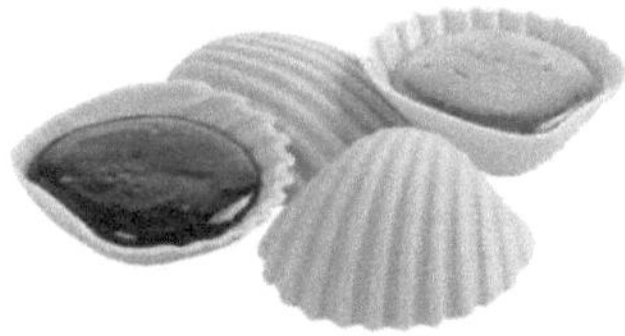

Für Zehn Pfennige erhielt man dort ebenso, den (bei den Kids heute leider unbekannten) amerikanischen Kaugummi „Dubble Bubble“, mit dem man beispiellos große Kaugummiblasen erzeugen konnte. Außerdem hinterließ der durch den Geschmacksstoff Wintergrün ein süchtig machendes, süßes Geschmackserlebnis. (Sie schmeckten etwas nach Medizin, aber nicht unangenehm!)

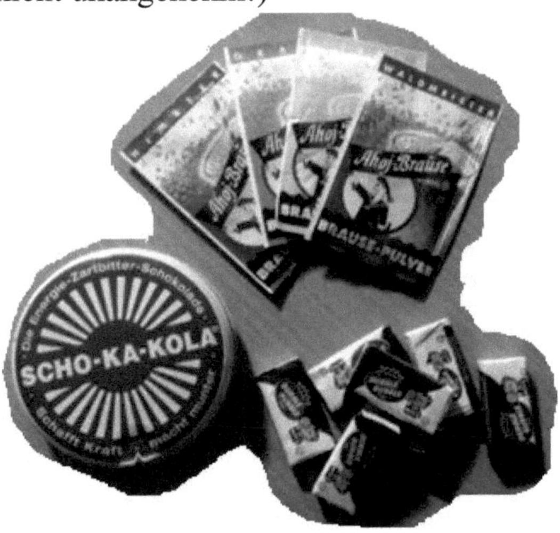

Artikel aus meiner Jugendzeit

Außerdem war im Verpackungs-Papier ein Comic-Bildchen enthalten. Später dann bunte Tattoos, die man anfeuchten und auf die Haut aufbringen konnte. Manchmal war Dubble Bubble wegen der starken Nachfrage nicht erhältlich, dann gaben wir uns mit der zweitbesten Marke „Bazooka“ zufrieden, die ähnlich schmeckte und mit denen man auch große Kaugummiblasen machen konnte.

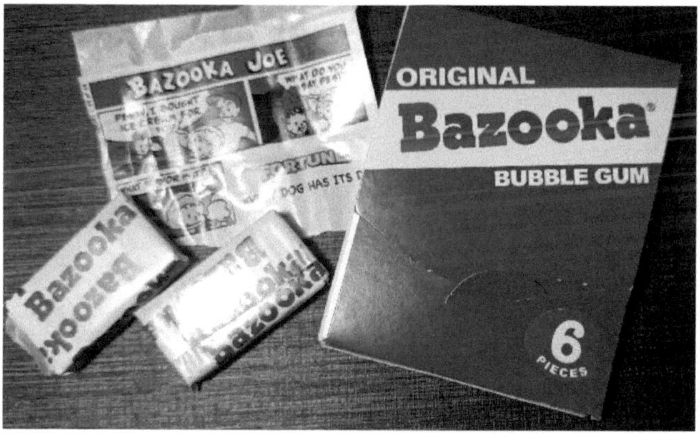

Hier waren immer Comics von „Bazooka Joe“ dabei.
Oder man kaufte sich für das gleiche Geld zwei Rollen „Bärendreck“, heute Lakritz-Schnecken genannt.

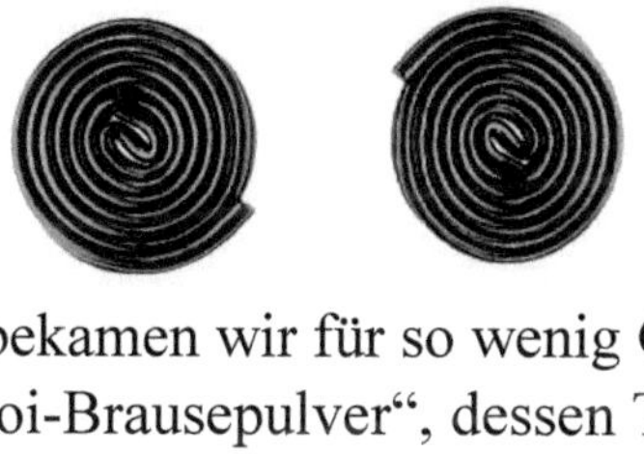

Selbst Drogen bekamen wir für so wenig Geld. Denn unsere Droge war „Ahoi-Brausepulver“, dessen Tütchen-Inhalt wir mittels eines Röhrchens in den Mundraum zuzelten, bis es einem zu den Nasenlöchern herausschäumte und einem dabei speiübel wurde. Für zwei Groschen bekam man ein rechteckig-quaderförmiges Langnese-Eis am Stiel. Hiervon konnte man drei Geschmacksrichtungen wählen: Schokolade, Vanille oder Erdbeere.

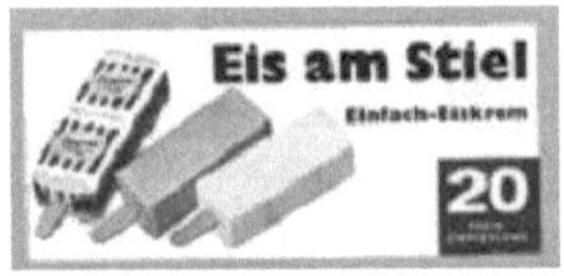

Ich träume immer noch davon, wie ich die umhüllende Silberfolie entferne und genussvoll in das Eis beiße, bis alle Zähne schmerzen.

Für den gleichen Betrag bekam man ebenso eine Wundertüte, gefüllt mit einer Cowboy-, Indianer- oder Soldaten-Spielfigur aus Plastik und einer Menge zuckerüberzogener Kügelchen, die so aussahen und auch so schmeckten wie süße Styroporkügelchen. Solche Einlagen kannten wir auch von den Füllungen der Minischachteln aus den Kaufläden aus Holz, die unser Vater liebevoll mit Mini-Theke und Verkaufsregalen für mich und meinen Bruder zu Weihnachten gebastelt hatte. Ebenso liebevoll zimmerte er für meine Schwester eine hölzerne Puppenstube mit Mini-Mobiliar.

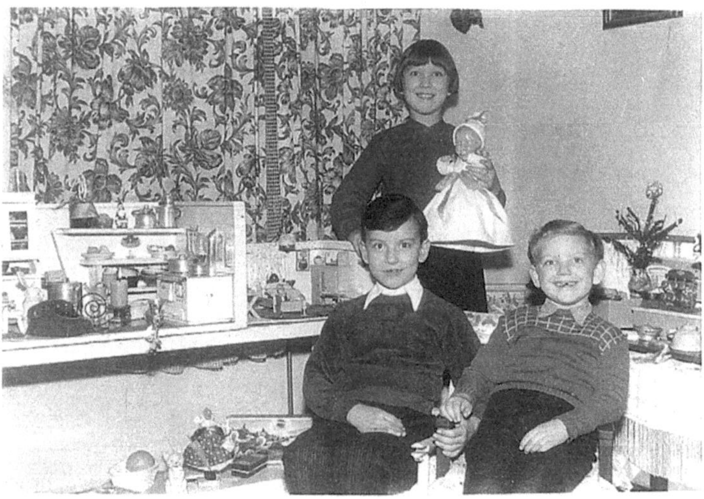

Mein Bruder Franz, meine Schwester Poldi und ich der „Zahnluckerte" 1955

Schräg gegenüber vom Café Wündisch befand sich die Bäckerei Hertlein. Der Duft und der Geschmack dieser Backwaren haben sich in mein Gehirn eingebrannt und treiben mir noch heute das Wasser im Mund zusammen, wenn ich nur daran denke. Die Brötchen, die Salzstangen, die Brezeln, das Brot, einfach alles von dieser Bäckerei schmeckte frisch und war knusprig. Nicht zu vergleichen mit den laschen und gummiartigen Backwerken aus diesen chemisch konservierten, kalorienverminderten Einheitsbackmischungen, die heutzutage von fast allen Bäckern verwendet werden. Die Sachen waren handgemacht; die Zutaten für den Teig wurden eigenhändig zusammengemischt. Dafür mussten die Bäcker halt ein wenig früher aufstehen, um dies zu bewerkstelligen. In den 50er Jahren bekamen wir diese herrlich duftenden Köstlichkeiten für einen Brötchenpreis von sieben bis acht Pfennige. Der Kilo-Laib Brot kostete um die 65 Pfennige. (umgerechnet in Euro-Währung: etwa 33 Cent!)

Ein Liter Normalbenzin kostete damals ungefähr 50 Pfennige, eine Maß Bier im Bierzelt etwa 2,20 Deutsche Mark. Manche werden nun sagen, dass man diese Preise nicht mit den heutigen vergleichen kann, da die Einkommen eine ganz andere Dimension haben. Möge sich jeder selbst seine Gedanken dazu machen. Ein Beispiel: Mein Vater verdiente anfangs bei der Stadtpolizei im Monat 150,00 D-Mark und musste damit unsere Familie versorgen. Es gelang ihm, da unsere Ansprüche nicht so hoch waren und wir notfalls im Tante-Emma-Laden bei Frau Klenk in der Spitalgasse auch einmal anschreiben lassen konnten.

Träume ich weiter von den goldenen 1960er Jahren, fallen mir immer mehr Einzelheiten ein.

Im Herbst 1966 entdeckten die Deutschen Kraftfahrer eine furchtbare Schreckensnachricht in der Zeitung:

„Autofahren wird zum 1. Januar 1967 deutlich teurer. Die Prüfgebühr für die Führerscheinklasse III (PKW) steigt von 16 auf 22 DM und die TÜV-Prüfung kostet dann 10 anstatt 8 DM. Steuererhöhungen verteuern ab diesem Zeitpunkt das Super-Benzin um 4,5, Diesel um 5 Pfennige."

Vergleichen wir diese Ankündigung mit den heutigen Preisen, können wir nur noch darüber schmunzeln.

Übrigens, Joghurt wurde in den 60er Jahren erstmals in Kunststoffbechern verkauft, die man wegwerfen konnte. Diese liegen noch heute überall in der Landschaft und verseuchen das Erdreich, da sie schwer verrotten.

Werbetechnisch wurden Slogans erfunden, die in unseren Tagen noch in aller Munde sind, wie zum Beispiel die Firma Esso mit: „Pack den Tiger in den Tank" und Werbung für Eiscreme am Stiel: „Nogger dir einen!". Gleichzeitig wurde die Antibabypille erfunden und Haribo machte erstmals Kinder froh und die Erwachsenen ebenso. Kinder plapperten erstmals den Zahncreme-Slogan „Mutti, Mutti, er hat überhaupt nicht gebohrt!" nach. (Erst viel später in den 90-ern wunderte sich das rothaarige „Tennis-Bobbele" in der Fernsehwerbung mit dem Satz: „Ich bin drin!", als er Werbung für den Provider AOL machte. Und kein Mensch dachte damals darüber nach, wie zweideutig doch so eine Werbung wirken könnte.)

Der Käfer, genauso wie eine verschnupfte Rotznase, „läuft und läuft und läuft." Der Modetrend schwenkte von Mini zu Maxi. Übrigens, Popeye und Lucky Luke durften damals in ihren Comics noch Pfeife und Zigaretten rauchen und Schneewittchen lebte zusammen mit sieben Männern in einem Haus und hätte deswegen eigentlich „Schneeflittchen“ heißen müssen. Die Märchen, die wir als Kinder damals erzählt bekamen waren teilweise mindestens so grausam wie die heutigen nordischen Fernsehkrimis.

Beispiele? Eine Horrorhexe wollte die beiden von ihren Eltern ausgesetzten Kinder Hänsel und Gretel braten und verspeisen und wird dann selbst im Ofen verbrannt. Schneewittchen wird von ihrer Stiefmutter vergiftet, ein böser Wolf frisst sieben Geißlein mitsamt Großmutter...

Als echter Kerl träumte man davon, mit einer Harley die „Route 66“ abzufahren wie beim Kinofilm „Easy Rider“ Dennis Hopper und Peter Fonda und dabei „Born to be wild“ von Steppenwolf zu grölen. Heute fahren die verweichlichten jungen Leute am liebsten mit einem Elektro-Roller oder einem E-Bike und pfeifen dabei das nervige Lied „Atemlos“ und aus dem letzten Loch. Ich habe nie begriffen, warum sie dabei so ein Sack-Teil am Rücken mit sich schleppen und rätsle immer noch, was da wohl drinnen sein mag. Proviant vielleicht, dass sie unterwegs nicht verhungert vom Rad fallen? Oder sind das etwa alles Drogenkuriere?

Lassen Sie mich erklären, warum ich so spöttisch über Rucksackträger schreibe:

Früher, als noch Luis Trenker, ein Bergsteiger, Schauspieler, Regisseur und Schriftsteller im Schwarz-Weiß-Fernsehen enthusiastisch über seine Kraxeltouren berichtet hatte, belächelten die Jugendlichen solche Hinterwäldler, die mit speckigem Rucksack, Pickel und Seil einen Berggipfel erklommen und hinterher stundenlang davon prahlten. Ein Rucksack war etwas altmodisches, etwas aus der Mode gekommenes und höchstens geeignet für als „Rucksacktiroler“ beschimpfte Jodeldiplomanwärter. Es mag vielleicht praktisch sein, beide Hände frei zu haben. Man verzeihe mir, jedoch findet ein Oldie wie ich, dass es einfach blöd ausschaut. Ich schwöre: „Meine Frau und ich werden erst einen Rucksack tragen, wenn wir jodeln können!“

So ein Teil haben wir als Kinder nicht gebraucht. Alles, was wir zum Überleben benötigten, hatten wir in unseren Hosentaschen. Darinnen versteckten sich unsere Schätze, unsere Heiligtümer, unsere Talismane. Oft klebten dort Kaugummis, die wir schon ein paarmal vorgekaut hatten oder klebrige Bonbons. Aber vor allen Dingen ein Taschenmesser. Nicht, um es als Waffe einzusetzen, nein, als Werkzeug um zum Beispiel schöne Muster in abgebrochene Stecken zu schnitzen oder ein Herzchen mit den Initialen von sich und seiner Liebsten in eine Baumrinde zu ritzen. In der Hosentasche befand sich ebenso eine meistens nicht mehr ganz jungfräuliche Rotzfahne, also ein Stofftaschentuch. Oft ein paar Pfennige oder Hosenknöpfe für den Klingelbeutel oder Streichholzschachteln mit komischen Inhalten, wie zum Beispiel tote Käfer oder ähnliches. Wenn wir „stachern“ gingen bekamen wir manchmal ein paar „Baunzerli“ zugesteckt.

(„Stachern“ ist ein Rothenburger Ausdruck und bedeutet so viel wie „draußen in der Natur herumstreunen und spielen“.)

„Baunzer“ werden hauptsächlich aus Kartoffeln, Mehl und Eiern in einer Pfanne herausgebacken und sind so etwas wie übergroße Schupfnudeln. Gegessen wurden sie mittags entweder mit deftiger Soße oder süß mit Kompott oder Konfitüre. Aber meistens blieben vom Mittagessen ein paar solche kalt gewordenen Teile übrig, die uns Kindern dann als Nachmittagssnack mitgegeben und von uns bis zum Verzehr in die Hosentasche geschoben wurden. Ich erinnere mich noch, dass ich als Jugendlicher in meiner Hosentasche einen übergroßen eisernen Haustürschlüssel hatte, wenn ich abends ausging. Es war für das mittelalterlich anmutende Eingangstor an dem Haus wo wir wohnten in der Herrngasse. Dieses Teil konnte man notfalls auch zur Verteidigung als Waffe verwenden.

Die meisten Spielzeuge, Haushaltsgegenstände, Kleidungen, ach, einfach fast alles wurde noch in Deutschland hergestellt. Diese Produkte waren überwiegend Qualitätsware „Made in Germany“! Heutzutage kommt alles vorwiegend aus Asien oder aus anderen Ländern, hergestellt mit Billigstkräften und Kinderarbeitern. Das Einzige was aus China stammt und „unkaputtbar“ zu sein scheint ist das Corona-Virus! Als die Bauern „geodlt“ hatten, also Gülle oder Mist auf ihre Felder aufbrachten hieß der Slogan:

„Viel Scheiße – viel Grün!“ – Heute ist es leider umgekehrt.

Ich möchte nicht behaupten, dass alles früher besser oder einfacher war, aber einiges fällt mir halt immer wieder auf:

Früher hatten die Eltern im Schnitt drei bis vier Kinder – Heute haben manche Kinder drei bis vier Eltern. Sogenannte „Alleinerziehende“ bezeichnete man damals und mit vorgehaltener Hand als Schlampe, heute werden sie staatlich gefördert und stehen unter einem gewissen Artenschutz. Die Geschäfte hatten von Montag bis Freitag abends um 18 Uhr geschlossen, samstags spätestens um 13 oder 14 Uhr, und keiner ist deswegen verhungert. Wir hatten statt Fahrradhelmen Baseballkappen auf, aßen und tranken biofreies, zuckerhaltiges Zeugs und haben trotzdem überlebt.

Mit Schrecken bemerkte ich, welche schlimmen Schimpfwörter die „Kids“ heutzutage kennen. Ich möchte diese Worte nicht einmal schreiben.

Damals war „dumme Kuh“ das Unanständigste, was uns über die Lippen kam. Aber wir waren auch keine Engel. Wir bastelten aus hölzernen, mit Kastanienblättern ausgepolsterten, mit Luftlöchern versehenen Zigarrenkistchen oder Schuhkartons Käfige für Maikäfer. Dabei wetteiferten wir, wer die meisten dieser Krabbeltiere darin gefangen hielt. Dabei unterschieden wir drei Arten: den Schornsteinfeger (dunkel, wenig Behaarung), den Müller (mehlig, weißlich behaart) und den seltenen Kaiser (rötliches Brustschild). Diese Tiere hatten einen unterschiedlichen Tauschwert. Man bekam, wenn man gut verhandelte für einen „Kaiser“ zehn „Müller“. Welches Kind weiß heutzutage überhaupt noch wie ein Maikäfer aussieht?

Als Gag nahmen wir einmal diese Tiere versteckt und klammheimlich mit ins Klassenzimmer, tränkten sie in Alkohol und ließen sie fliegen, kurz bevor der Lehrer das Zimmer betrat. Ach ja, Kinder können grausam und unberechenbar sein. Die betrunkenen Tiere knallten immer wieder an die Tafel und schwirrten wie wild um den Lehrer. Nachdem der letzte unserer Lacher verklungen war, mussten wir alle als Strafarbeit einen Aufsatz schreiben, über das Thema „Quäle nie ein Tier zum Scherz…“. Zurecht, wie wir nach der Standpauke des Erziehungsberechtigten einzusehen hatten. Ja, wir sahen es dann doch noch ein, da es uns vernünftig erklärt wurde.

Weiterhin erinnere ich mich gerne daran, dass wir damals überwiegend sehr menschlich-freundschaftlich miteinander umgegangen sind. Die meisten Jugendlichen zu meiner Zeit genossen noch eine ordentliche Erziehung, hatten Respekt vor Älteren, der Polizei, vor Hilfskräften, den Ärzten und den meisten Mitmenschen. Wir hatten sogar noch Angst vor unseren Lehrern und vor deren empfindlichen Strafen! Parierte man nicht, wurde man mit Stöcken auf Handflächen und aufs Hinterteil geschlagen oder bekam zeitnah nach einem „Vergehen“ eine Watsche (= Ohrfeige). Fast jeder Schüler hatte deshalb vor den Lehrern einen großen Respekt. Heute ist es genau umgekehrt. Die Lehrer haben Angst vor den Kindern! Die heutigen Schulkinder sind mit Messer und Pistolen bewaffnet, gekleidet wie Models mit teuersten Designerstücken und werfen mit unflätigen Worten um sich. Und nicht nur mit Worten. Die Generation „Fridays for Future“ entsorgt nach einer Demo ihre Pizzaschachteln, ToGo-Becher und anderen Müll am liebsten sofort. Also direkt auf der Straße oder in der Natur.

Ich möchte bemerken, dass dies keine Diffamierung meinerseits darstellen soll, dies haben mir viele Zeugen berichtet und habe ich selbst beobachtet.

Mit perfekt gestylten Frisuren schauen Kinder auf dem Schulweg statt auf die Straße auf ihr Smartphone, in den „Ohrwatscheln“ stecken Kopfhörer. Deswegen knallen sie oft mit dem Kopf gegen Laternenmasten oder werden schlichtweg überfahren. Diese sogenannte „letzte Generation“ zerstört wertvolle Kunstwerke und klebt sich mit ihren Händen auf die Straßen fest, schütten Essen auf Kunstwerke oder sägen Bäume ab, um so das Klima retten zu wollen. Bei diesen Klebe-Aktionen verursachen sie riesige Fahrzeugstaus, die den CO2-Ausstoß fördern. Dabei behindern sie Polizei und Rettungskräfte und halten fleißige Arbeitskräfte auf, durch dessen Steuerabgaben sie ihre Hartz-Gehälter indirekt finanziert bekommen. Und weil diese Klebe- und Zerstör-Aktionen sehr kräftezehrend sind, müssen sie danach mit dem Flieger eine Fernreise in den wohlverdienten Urlaub unternehmen. Ob sie wohl mit diesen Aktionen viel Sympathie in der Bevölkerung erhalten? Dies bezweifle ich stark und bin der Meinung, dass sie mit ihren unsinnigen Verzweiflungstaten das Gegenteil erreichen. Haben die denn noch „alle Latten am Zaun“?

Diese Klimaaktivisten behaupten doch tatsächlich, dass wenn die Klimaziele in Deutschland nicht erreicht werden, sie die „letzte Generation“ seien, also der letzten lebenden Menschen. Wenn ich es mir recht überlege, wäre das für die Erde und deren Natur vielleicht gar nicht so verkehrt!

Doch um wieder auf unsere Kindheit zurückzukommen:

Mich hatte man damals beim Friseur geschoren wie ein Schaf, hat mir die abgelegten Klamotten meines älteren Bruders angezogen und durfte großzügigerweise so raus in den Sandkasten zum Spielen und „Sandkuchen fressen“. Von den abgetragenen, ausgelatschten Schuhen habe ich noch heute krumme Zehen.

Messerstechereien kannten wir hauptsächlich aus blutrünstigen Kriminalfilmen. Heute haben wir uns daran gewöhnt, dass uns die Medien über den „täglichen Messerbericht“ informieren. Falls ein Streit eskalierte, so haute man damals höchstens jemandem die Nase blutig, verteilte Ohrfeigen oder trat gegen das Schienbein des Gegners. Das tat zwar weh, aber man starb recht selten daran.

Lag jemand am Boden, haute man nicht mehr drauf!

Viele unserer damaligen Politiker hatten vor ihrer politischen Karriere noch einen bodenständigen Beruf erlernt und wussten, was die Bevölkerung bewegt. Die heutigen weltfremden Ellenbogenpolitiker kommen – mit oder ohne Abschluss - von der Uni, wissen im Grunde nicht, was in der Realität geschieht und geben Millionen an Steuergeldern für ihre scheinbar unkreativen Berater aus. Haben diese Steuersünder dann wie üblich versagt, werden sie ins Europaparlament befördert (Manche von diesen Parlamentariern können nicht einmal exakt Hochdeutsch, gar nicht zu reden von manch miserablen englischen Sprachkenntnissen!).

Unser monetäres Einkommen kam nicht vom Amt. Wir mussten noch dafür arbeiten und wurden dahingehend erzogen freiwillig einen Beruf erlernen zu wollen. Die Kinder bekamen einen Klaps auf den Hintern oder eine Ohrfeige, dann wussten sie, dass sie etwas falsch gemacht hatten. So lernten sie fürs Leben und wie sie sich im Alltag benehmen mussten. So geschieht es übrigens noch heute in der Tierwelt! Ich bitte mich nicht falsch zu verstehen. Ich bin nicht für eine Prügelstrafe und verabscheue es aufs tiefste, wenn Kinder misshandelt werden. Jedoch hat uns ein leichter Klaps nicht geschadet. Rüpel, die ihre Kinder misshandeln möchten, tun es trotz Strafen* auch derzeit noch.

*(Nach § 1631 Abs. 2 BGB haben in Deutschland Kinder „ein Recht auf gewaltfreie Erziehung. Körperliche Bestrafungen, seelische Verletzungen und andere entwürdigende Maßnahmen sind unzulässig.“ Zudem stehen bestimmte Formen der Misshandlung nach dem Strafgesetzbuch unter Strafe, so beispielsweise nach § 225 StGB Misshandlung von Schutzbefohlenen…

(Quelle: Wikipedia)

Hier würde ein wenig Aufmerksamkeit und weniger Gleichgültigkeit der Menschen in deren Umgebung einiges verbessern. Außerdem bin ich der Meinung, dass die Masse der Deutschen sich seit jeher in höchstem Maße viel zu Extrem verhält, entweder nach der einen oder der anderen Seite.

Einen goldenen Mittelweg kennen die meisten nicht mehr. Ich jedenfalls verabscheue jegliche Art von Fanatismus. Ein Kumpel sagte mir neulich:

„Im Gegensatz zu heute war damals die Luft noch sauber und der Sex noch schmutzig!“ Keine Aidserkrankung gefährdete unser Liebesleben. Gefährlich wurde höchstens „After Eights“ für den Hüftumfang - frei nach dem Spruch: „Ein paar Sekunden auf der Zunge – ein Leben lang auf der Hüfte!“

Wenn man früher etwas zu sich nahm, dachte keiner daran, ob das Lebensmittel „Bio“ ist – trotzdem haben wir überlebt. Mein Vater ist mit so einer angeblich ungesunden Ernährung 93 Jahre und meine Mutter fast 100 Jahre alt geworden. Gestern ging ich an einem Bio-Laden vorbei. Dort lagen Äpfel und Tomaten, die angefault waren und so aussahen wie die, die ich gestern fachgerecht in der Bio-Mülltonne entsorgt habe. Ein furchtbarer Verdacht drängte sich mir auf. Diese Bioladen-Verkäufer haben doch hoffentlich nicht die abgelaufene Ware aus meiner Bio-Tonne geklaut? Bei der Wurstabteilung sah ich neulich „Bio-Wurstwaren“. Ich rätsle noch immer, was an einer Wurst ansonsten nicht Bio sein soll. Ist die „normale Wurst“ vielleicht aus Kunststoff? Oder schlimmer noch, hat der Metzger die Bio-Wurst vielleicht selbst gesch... - oder besteht diese aus Pferdeäpfeln? Es ist nicht alles gesund, was Bio ist. Denken Sie einmal an Bio-Waffen. Sind die vielleicht aus biologischem Anbau? Bio-Kannibalen fressen höchst wahrscheinlich nur grüne Politiker. Die Welt bekämpft Hungersnöte und baut auf den Äckern immer mehr Bio-Treibstoffpflanzen an. Meine Bio-Bonbons sind zuckerfreie Zwetschgenkerne – man lutscht ewig daran, ohne davon dick zu werden. Sogar Bio-Strom soll man kaufen können. Damit werden wahrscheinlich die männlichen Küken der Hühner umweltfreundlich geschreddert.

Vielleicht sehe ich das Ganze auch falsch, weil ich meines hohen Alters wegen alle möglichen Konservierungsstoffe in mich hineinschieben muss, um frisch zu bleiben. Früher freute man sich auf einen Braten oder eine scharfe Currywurst. Heute gibt es immer mehr Veganer-Restaurants. Neulich ließ ich mich überreden, in so ein Lokal zu gehen. Ich kaute gerade an meinem Tofu Schnitzel, als der Ober einen Gast am Nebentisch fragte, wie es ihm schmecke. Der Gast lobte den Koch, dass ihm sein Bio-Dinkel-Vollkorn-Rösti hervorragend mundet. Daraufhin antwortete ihm der Ober, dass er gerade an einem Bierdeckel knabbert. Auch Sushi Bars erfreuen sich immer größerer Beliebtheit. Wenn ich mir vorstelle, dass ich rohen Fisch in gammeligem Reis essen müsste, läuft es mir kalt den Rücken hinunter. In meinen Alpträumen esse ich in China-Restaurants Fledermausgulasch, Hund im Wok oder Affenhoden.

Ach ja, zum Thema Fledermaus und Pandemie:

In meiner Jugendzeit konnte sich kein Corona-Virus in Reisegeschwindigkeit ausbreiten, denn eine Urlaubsreise war noch etwas Besonderes, etwas, das man sich normalerweise nicht jedes Jahr leisten konnte und allerhöchstens einmal im Jahr genoss (Dazu in einem anderen Kapitel mehr).

Keiner kam damals auf die Idee, „Urlaub auf Pump“ zu machen. Hatte man kein Geld für eine Reise, machte man Urlaub daheim. Man traf sich, um miteinander zu plaudern, zu feiern oder um zu diskutieren, ob die Beatles oder die Rolling Stones die besseren Musiker waren. Man war nicht so oberflächlich wie die meisten Mitmenschen heute. Kein Mensch hätte damals eine kleine grimmig schauende Schulschwänzerin, die die Welt retten will, ernst genommen.

Ein Hausarzt zeigte noch Interesse, sich um seine Patienten zu kümmern. So wie es in seiner Berufsbezeichnung steht, kam der Arzt noch ins Haus, wenn wir krank waren. Er kam sogar am Wochenende oder abends! Bei den meisten heutigen sogenannten Hausärzten wird man das Gefühl nicht los, dass sie ihren Patienten nicht einmal richtig zuhören, während sie in ihren Computer starren. Ich vermute, sie machen dabei gerade das Computerspielchen „Patienten erwürgen“ oder gucken sich Pornos an. Scherz beiseite. Ich möchte nicht alle Mediziner schlecht machen. Es gibt sicherlich viele Ärzte, die sich ehrlich bemühen und die ihre Patienten sorgsam und richtig behandeln. Diese Gleichgültigkeit mancher Ärzte gegenüber den Sorgen und Nöten ihrer Patienten liegt sicherlich auch an unserem erkrankten Gesundheitssystem, wo es ausschließlich um Gewinnoptimierung und bürokratisch korrekt auszufüllende Formulare geht. Den hippokratischen Eid scheinen die meisten Mediziner leider nicht mehr zu kennen. Eine menschliche sowie angemessene Behandlung scheitert wie so oft an der finanziellen Gier, wie auch an den deutschen extremen bürokratischen Hürden. Alte Menschen und Kassenpatienten sind oftmals nur lästig. Ich weiß, dass diese Anmerkungen sehr gehässig wirken, aber leider mussten ich und viele meiner Bekannten diese schmerzlichen Erkenntnisse des Öfteren persönlich erfahren. Doch genug gelästert, sonst werde ich demnächst in einer Arzt-Praxis an die Behandlungsliege fixiert oder an die Wand getackert und mit Beruhigungsmitteln gespritzt.

Schauen wir lieber wieder zurück auf die guten alten Zeiten:

Das Fernsehprogramm war früher noch schwarz/weiß. Böse Zungen behaupten, dass bis zu dieser Zeit sogar die Regenbögen noch schwarz/weiß gewesen seien. Ich schwöre, diese Aussage ist eine Falschmeldung.

(Übersetzung für anglizistisch-infizierte Kids: „Falschmeldung" = Fake!)

Ach ja, mit der zunehmenden „englischen Sprachverseuchung" der deutschen Sprache habe ich auch so meine Probleme. Manche geistig minderbemittelten Leute meinen heutzutage, ihr geistiges Manko mit ausländisch klingenden Ausdrücken kaschieren zu müssen, deren Bedeutung sie zwar nicht begreifen, aber „in" finden. Wenn man früher sagte, man geht zum Schoppen, dann ging man in die Kneipe und trank ein (oder mehrere?) Gläschen Wein. Heutzutage bedeutet „Schoppen" Einkaufsbummel, oder auf gut fränkisch: „Eikäff!". Und so gäbe es noch tausende schreckliche Beispiele, wie die deutsche Sprache verstümmelt wird. Dabei denke ich an Albert Einsteins Sprüche:

1.) "Wenn die Menschen nur über das sprächen, was sie begreifen, dann würde es sehr still auf der Welt sein." –

2.) "Zwei Dinge sind unendlich, das Universum und die menschliche Dummheit, aber bei dem Universum bin ich mir noch nicht ganz sicher." (Quelle: Wikipedia)

Zurück zum Zauberspiegel, also zum Fernsehen:

Farbig wurden die ersten Bildschirme, als Vizekanzler Willi Brandt am 25. August 1967 während der Funkausstellung in Berlin seine Hand auf einen roten „Buzzer" schlug, um damit den Startschuss für das Farbfernsehen zu geben. Dennoch hatten die meisten Normalverdiener noch jahrelang ihr altes Schwarz-Weiß-Fernsehgerät, das ja auch bedeutend länger hielt als die heutigen „Bildflundern". War das Gerät kaputt, hat man es reparieren lassen. So ein Gerät besaß man mindestens 10 bis 20 Jahre. Heutzutage hält solch ein Gerät, wenn man viel Glück hat, im Schnitt fünf Jahre, bevor man es mühsam umweltkonform zu entsorgen hat. Früher hat der Fachmann, bei dem man ein neues Gerät erstanden hatte, das neue Gerät ins Haus geliefert, aufgestellt, eingestellt, das alte Gerät mitgenommen wie auch entsorgt. Alle diese Serviceleistungen waren selbstverständlich und kostenlos. Der Elektroniker baute die noch guten Bauteile und Röhren zur Wiederverwendung und zu Reparaturzwecken aus. Die Holz- und Metallteile wurden umweltfreundlich beseitigt oder wieder verwendet. Wir guckten noch bis weit in die siebziger Jahre „zweifarbig". Trotzdem hatten die Fernsehshows und Krimis wahnsinnig hohe Einschaltquoten. Das lag daran, dass es bis 1983 nur drei Fernsehprogramme gab. Zusammen mit der ganzen Familie sahen wir Unterhaltungssendungen wie „Der blaue Bock", „Sport-Spiel-Spannung" dabei „Zehn Minuten mit Adalbert Dickhut" oder „Der goldene Schuss" mit der schnauzbärtigen holländischen Quasselstrippe Lou van Burg. Wobei letztere Sendung nichts mit Betäubungsmitteln zu tun hatte! Die Fernbedienung war ich, denn ich war der Jüngste in der Familie, nahm aus diesem Grund ein Meter vorm Fernseher entfernt auf dem Wohnzimmerteppich Platz, wurde durch Zuruf der Eltern ferngesteuert und durfte diesen „Zauberspiegel" bedienen. Unsere Katze legte sich der Wärme wegen gerne auf das voluminöse Gehäuse dieses Röhrengerätes. Versuchen Sie heute einmal eine Katze auf den Flachbildschirm zu legen! Zu meinen Lieblingssendungen gehörten auch „Don Camillo und Peppone", die amerikanische Krimiserie „77 Sunset Strip",

„Die Raumpatrouille“, die „Augsburger Puppenkiste“, „Mini Max“ – ein trotteliger Geheimagent rettet die Welt (auf Art Mr. Bean). Der Begriff „Straßenfeger“ wurde damals geprägt, als im Fernsehen die Durbridge-Krimis liefen. (Beispiele: Das Halstuch, Melissa, Das Messer) Fast jeder saß damals zu diesen Sendezeiten vor einem Bildschirm, weswegen die Straßen wie leergefegt waren. Bei Sportsendungen im Fernsehen sah ich ab und an bei den Ski-Schanzenspringen zu. Der damalige Sportreporter Heinz Maegerlein formte dabei den coolen zweideutigen Satz: „Sie standen an den Hängen und Pisten“. Er moderierte zwischen 1958 und 1969 auch die erste Quizsendung im deutschen Fernsehen „Hätten Sie´s gewußt?“ (Ja, damals noch mit „ß“ geschrieben!) Zwei Kandidaten, jeder in einer schalldichten Kabine, spielten gegeneinander. Es wurden aus verschiedenen Wissensgebieten Fragen gestellt und wer bei dieser 45-minütigen Sendung als erstes dabei 21 Punkte erzielte, hatte gewonnen und erhielt einen Sachpreis. Wer mehrmals gewann konnte unter anderem sogar eine BMW Isetta gewinnen. Das Spiel wurde damals aus Amerika übernommen und hieß dort „Twenty One“. Dort sorgte es für einen Riesenskandal, da herauskam, dass die Gewinner vorher abgesprochen waren.

Eine weitere beliebte Quizsendung war mit Moderator Robert Lembke „Was bin ich?“. Ähnlich einer Puffmutter fragte er zu Beginn der Raterunde die Kandidaten regelmäßig: „Welches Schweinderl hätten´s denn gern?“. Er oder sie konnte die Farbe eines Sparschweines aussuchen, in das bei jeder Verneinung des Kandidaten auf die Fragen des Rateteams ein Fünf-DM-Stück geworfen wurde, bis das

Rateteam entweder den Beruf des Gastes erraten hatten oder das Sparschwein mit 50 D-Mark gefüttert war.

In den 60-ern passierte auch der Fernsehansagerin folgende Ankündigung:

„Sie sahen eben den Spielfilm Das schwarze Loch und nun folgt Mainz wie es singt und lacht".

Mein beliebtester Western war „Bonanza" mit dieser markanten Ohrwurmmelodie und diesem fetten, etwas vertrottelten Hoss und dem dominanten Vater Ben Cartwright, der auch schon einmal Ohrfeigen austeilen konnte, ohne dass er von seinem Sohn deswegen angezeigt wurde. Auch guckte ich gerne die Tierfilm-Serien „Lassie", „Fury", „Rin Tin Tin" und „Flipper". Notgedrungen, weil oft im TV nichts Besseres gesendet wurde, schauten wir den „Blauen Bock" an, wo bembelweise „Äbblwoi", also Apfelmost verkonsumiert wurde. Dabei durften die Zuschauer unterhaltsame Gruppen wie zum Beispiel das Medium Terzett mit „Ein Loch ist im Eimer!" ertragen. Zu meinem Vergnügen trat dort des Öfteren auch mein Lieblingskomiker Heinz Erhard auf, dessen dümmlich anmutende Wort-Spielereien ständig zu heftigen Lachanfällen führte („Hinter eines Baumes Rinde saß die Made mit dem Kinde…"). Von ihm stammt auch der weise Spruch:

„Früher war alles gut, heute ist alles besser. Es wäre besser, wenn wieder alles gut wäre!"

Als Kind hatte ich oft Angst vor der Dunkelheit. Heute habe ich Angst vor dem Licht, wenn ich auf die Stromrechnung schaue.

1967, als ich 16 Jahre alt war, startete im Kino eine große Aufklärungswelle. Dazu kam der Film „Helga" in die Kinos. Meine Kumpels und ich lösten Tickets voller Erwartung ein paar Sexszenen zu sehen. Wir setzten uns in die vorderen Reihen, in die „Rasiersitze“, wie man dies nannte, da man den Kopf „Zum Film Gucken“ hoch halten mussten wie beim Friseur bei der Bartschur. Wir wollten nah dran sein, außerdem waren das die billigsten Plätze. Nach ca. 20 Minuten waren wir von diesem dermaßen langweiligen Film enttäuscht, dass wir nacheinander im Kino empört aufstanden und die Klappsitze nacheinander scheppernd in die Ruheposition zurückklappten. Grummelnd verließen wir den Kinosaal. Wir hatten mehr pornografische Szenen erwartet. Nach „Helga“ folgten noch einige Oswald-Kolle-Filme, die haben wir gar nicht mehr angesehen. Wir fühlten uns aufgeklärt genug und wollten lieber alles in der Praxis erleben. Anfang der 70er wurden auch Filme wie „Der letzte Tango in Paris“ mit Marlon Brando (1972) und der italienisch/französische Film „Das große Fressen“ (1973) groß angekündigt und massiv Werbung dafür gemacht. Wir Jugendliche fanden diese Filme in der Handlung langweilig und teilweise nur ekelhaft. Lieber sahen wir die Karl May-Filme mit den Hauptdarstellern Lex Barker und Pierre Brice. In diesen Aufnahmen sah man tolle Landschaften, die Handlung war spannend und wurde begleitet mit einer ins Ohr gehenden Filmmusik.

Ein weiterer Filmheld von mir in den siebziger Jahren war Charles Bronson, der im Kinoklassiker „Spiel mir das Lied vom Tod“ (1968) eine Hauptrolle hatte. Ein anderer Kino-Kassenschlager in dem er die Hauptrolle inne hatte war: „Ein Mann sieht rot“ (1974). In leidvoller Erinnerung ist mir noch heute der Streifen: „Der aus dem Regen kam“. In einer der Szenen dieses Filmes warf Bronson Walnüsse so mit aller Wucht gegen eine Fensterscheibe, dass die Nüsse geknackt waren und die Scheibe dabei heil blieb. Natürlich musste ich das meinem Filmhelden bei nächster Gelegenheit nachmachen.

Mein Vater war stinksauer, denn die Erneuerung des Fensterglases war sehr teuer. Mir wurde bewusst, dass diese Art des Nussknackens nur ein Filmtrick war.

Kapitel: Der Beat

Die Gesichter unserer Eltern liefen erst kreidebleich, dann purpurrot an, als aus den Lautsprechern des alten Röhrenradios plötzlich „I wanna hold your hand“ oder „She loves you“ von den Beatles dröhnte. Selbst als diese Pilzköpfe den Titel auf Deutsch „Sie liebt dich“ sangen, konnten sie sich mit dieser Musikrichtung und diesen langhaarigen Gestalten nicht anfreunden. Dieses ewige „yeah yeah yeah“ ging ihnen auf die Nerven. Mein Vater hörte lieber seine geliebte österreichische Schnulzensängerin Lolita mit „Seeeeeehmann, deine Heimat ist das Mehhheeeeer!“ In den deutschen Wohnzimmern ertönte entweder klassische Musik oder man hörte aktuelle Schlager. Ich erinnere mich noch an 1964, als ich aus meinem kleinen Transistorradio die Schlager der Woche hörte und Bernd Spier jammerte „Das kannst Du mir nicht verbieten“, Ronny jaulte „Oh my Darling Caroline“ und der Engländer Cliff Richard sang auf Deutsch, dass man rote Lippen küssen sollte. Da war Drafi Deutscher mit „Marmor, Stein und Eisen bricht“ (anstatt „brechen“, wie es orthographisch richtiger gewesen wäre, weswegen es lange Zeit von manchen Radiosendern nicht gespielt wurde) und „Shake Hands“ fast schon ein Exot in dieser Musikwelt und klang in den Ohren unserer Eltern wie „Death Metal“ oder „Hardrock“.

Ich erinnere mich, dass damals ein TV-Produzent sagte:

„Er ist ein Sänger mit Schlägervisage und hat Reifen auf den Lippen“. Gemeint hat er Mick Jagger von den Rolling Stones. Schon früher als Rock´n Roll aufkam äußerte sich Frank Sinatra dazu:

„Rock´n Roll ist das Brutalste, Hässlichste, Degenerierteste und Niederträchtigste, was ich je hören musste.“

Unter den Jugendlichen waren damals schon lange Stars wie Elvis und Chuck Berry Idole, wurden aber noch zu selten im Radio oder Fernsehen gespielt. Die Animals mit Frontsänger Eric Burdon galten damals als Rockband. Sie brachten eine neue Fassung von dem amerikanischen Folksong „The house of the rising sun“ heraus, was kurz darauf zum Pflichtrepertoire der damaligen Beatbands wurde. Sogar die frühe Hardrock Band Frijid Pink machte daraus in einer rauen Version einen Millionenseller (Geheimtipp: Wer als Rockmusiker diese Version nicht kennt, dem empfehle ich, sie unbedingt einmal anzuhören).

Die Rothenburger Frühjahrs-Messe, also das Volksfest, fand in den Sechzigern am Rothenburger Sportplatz statt. Highlight der Messe war für uns Jugendliches stets der Auto-Scooter, wo wir uns hauptsächlich der lauten Beat-Musik wegen aufhielten. Ein ganz großer Renner an der Bahn war „Skinny Minnie“ von Anthony Esmond Sheridan McGinnity, besser bekannt unter seinem Künstlernamen Tony Sheridan. Noch immer habe ich bei diesem Song während des Refrains unser Fuß-Stampfen auf den hölzernen Treppen des Scooters in den Ohren.

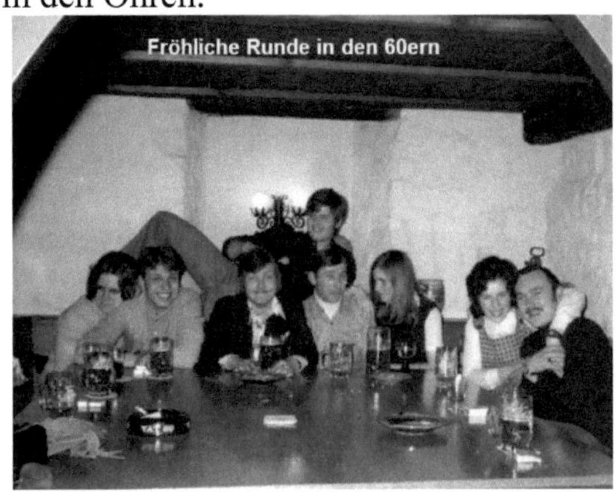
Fröhliche Runde in den 60ern

Waren während unserer Kindheit die Magazine Mickey Maus, Fix und Foxy, Felix und ähnliche Heftchen unsere beliebtesten Lesestoffe, bevorzugten wir als Teenager „gehobenere“ Fachlektüre. Das Lesen der wöchentlich erscheinende Bravo war Pflicht um „in“ zu sein und mitreden zu können was sich in der Musik- und Filmwelt ereignete. Gespannt lasen wir, welche Bands oder „Schlageraffen“ welche Platzierungen in den Hitparaden einnahmen und klebten die Poster unserer Lieblingsstars an unsere Zimmerwände.

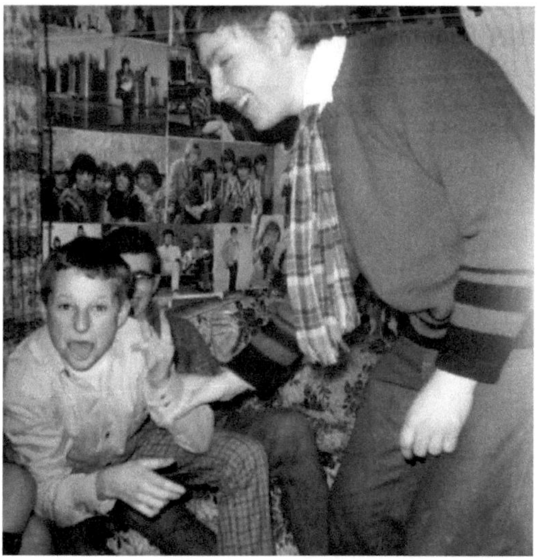

Dazu gab es auch noch den Starschnitt. Ein Star oder eine Gruppe wurde in einige Teile zerlegt und stückchenweise Woche für Woche auf einer Seite als Schnittmodell abgebildet, sodass man nach einigen Wochen die Person oder die Gruppe auf Papier in voller Lebensgröße an seine Wand kleben konnte. Dann war da auch noch eine Seite von einem Dr. Sommer, der uns Jugendliche in diesem Heft aufklären wollte. Zum Beispiel zum Thema Selbstbefriedigung.

Hier klärte er uns auf, dass Onanie nicht, wie von unseren Eltern behauptet, zu depressiver Stimmung, paranoiden Reaktionen oder zu Rückenmark-Schwindsucht führt. Außerdem wurden schriftliche eingereichte Fragen der Leser an die Redaktion zu Themen wie Freundschaft und Sexualität beantwortet. Außer Berichten, was unsere angehimmelten Stars privat und beruflich so treiben, war das Spannendste die Bravo Musicbox. Hier konnte jeder mitverfolgen, welche Bands oder Schnulzenheinis in den Top Zwanzig in Deutschland und den Top Zwölf in Amerika, England und Frankreich waren.

Ich erinnere mich, dass das Heft eine D-Mark kostete. Diese war es uns wert.

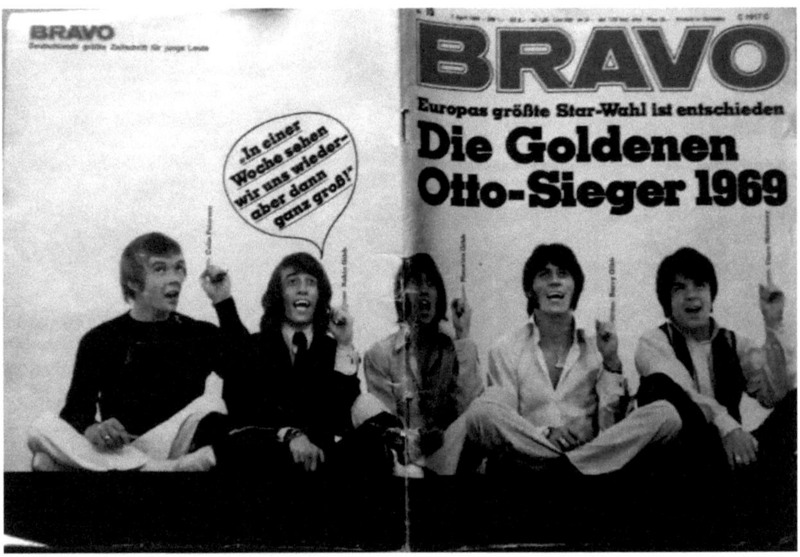

Unter Anderem war im Heft das Fernsehprogramm für eine Woche abgedruckt.

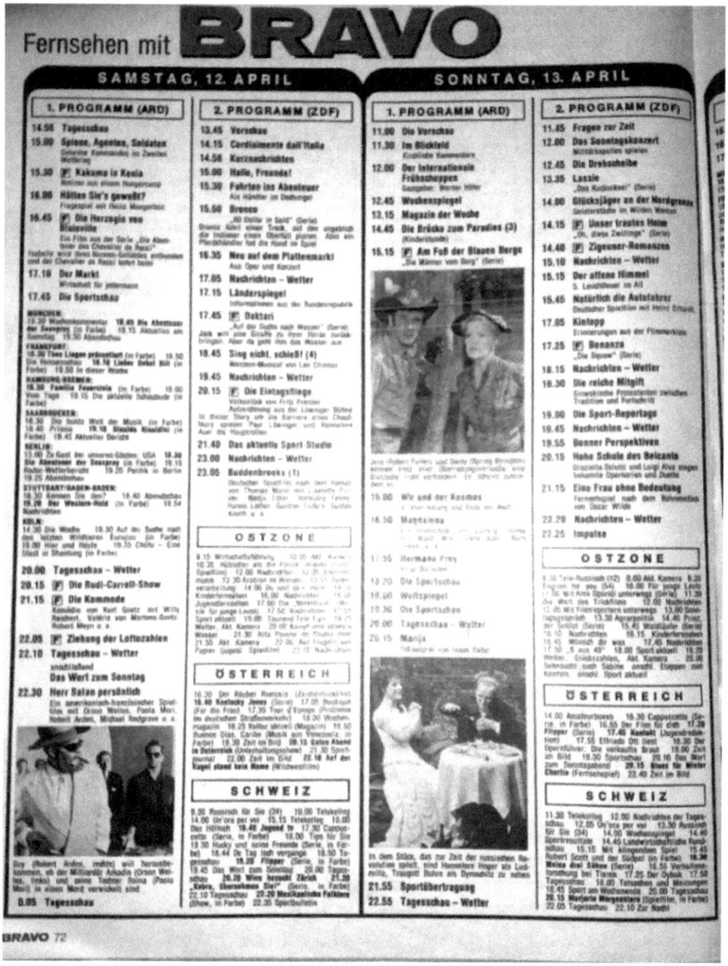

Fernsehen mit BRAVO

SAMSTAG, 12. APRIL

1. PROGRAMM (ARD)

14.55 Tagesschau
15.00 Spione, Agenten, Soldaten
15.30 Kakuma in Kenia
16.00 Hätten Sie's gewußt?
16.45 Die Herzogin von Blaisville
17.10 Der Markt
17.45 Die Sportschau
20.00 Tagesschau – Wetter
20.15 Die Rudi-Carrell-Show
21.15 Die Kommode
22.05 Ziehung der Lottozahlen
22.10 Tagesschau – Wetter
Das Wort zum Sonntag
22.30 Herr Satan persönlich
0.05 Tagesschau

2. PROGRAMM (ZDF)

13.45 Vorschau
14.15 Cordialmente dall'Italia
14.58 Kurznachrichten
15.00 Hallo, Freunde!
15.30 Fahrten ins Abenteuer
15.50 Bronco
16.35 Neu auf dem Plattenmarkt
17.05 Nachrichten – Wetter
17.15 Länderspiegel
17.45 Daktari
18.45 Sing nicht, schieß! (4)
19.45 Nachrichten – Wetter
20.15 Die Eintagsfliege
21.40 Das aktuelle Sport-Studio
23.00 Nachrichten – Wetter
23.05 Buddenbrooks (1)

OSTZONE

ÖSTERREICH

SCHWEIZ

SONNTAG, 13. APRIL

1. PROGRAMM (ARD)

11.00 Die Vorschau
11.30 Im Blickfeld
12.00 Der Internationale Frühschoppen
12.45 Wochenspiegel
13.15 Magazin der Woche
14.45 Die Brücke zum Paradies (3)
15.15 Am Fuß der Blauen Berge
16.00 Wir und der Kosmos
16.50 Magazin
17.35 Hermann Frey
18.20 Die Sportschau
19.00 Weltspiegel
19.30 Die Sportschau
20.00 Tagesschau – Wetter
20.15 Manja
21.55 Sportübertragung
22.55 Tagesschau – Wetter

2. PROGRAMM (ZDF)

11.45 Fragen zur Zeit
12.00 Das Sonntagskonzert
12.45 Die Drehscheibe
13.35 Lassie
14.00 Glücksjäger an der Nordgrenze
14.15 Unser trautes Heim
14.40 Zigeuner-Romanzen
15.10 Nachrichten – Wetter
15.15 Der offene Himmel
15.45 Natürlich die Autofahrer
17.05 Kintopp
17.25 Bonanza
18.15 Nachrichten – Wetter
18.30 Die reiche Mitgift
19.00 Die Sport-Reportage
19.45 Nachrichten – Wetter
19.55 Bonner Perspektiven
20.15 Hohe Schule des Belcanto
21.15 Eine Frau ohne Bedeutung
22.20 Nachrichten – Wetter
22.25 Impulse

OSTZONE

ÖSTERREICH

SCHWEIZ

BRAVO 72

Kapitel: Die Reise

1963 durfte ich mit meinen Eltern eine Reise nach Wien machen. Mein Vater, ein gebürtiger Wiener, zeigte uns drei Kindern einzeln, jeweils im Abstand von etwa zwei Jahren seine Stadt, in der er aufwuchs. Ich fieberte schon jahrelang vorher auf dieses Highlight. Eine solche Reise war zu damaligen Zeiten noch etwas Besonderes. Da ich der jüngste von uns drei Geschwistern war, durfte ich als letzter mitfahren. Ausgerechnet am Tag vor der Reise mit dem alten Opel Kapitän bekam ich Kopfschmerzen und Fieber.

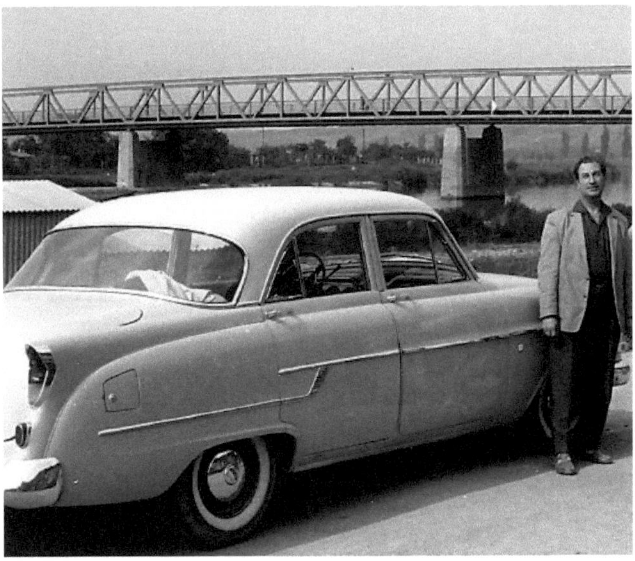

Vaters Opel Kapitän

Ich hoffte, dass es niemand bemerkte, sonst wäre nichts aus der langersehnten Reise geworden. So fuhren wir nach Wien und übernachteten bei unserer Tante Grete. Am nächsten Tag besuchten wir das Schloss Schönbrunn. Als Zwölfjähriger hatte mich dieses elitäre Prunkbauwerk so viel interessiert wie eine Wasserstandsmeldung aus der Sahara. Ich schleppte mich trotz immer schlimmer werdenden Kopfschmerzen und stark erhöhter Temperatur durch die gefühlten tausend Gemächer der Kaiserin Sisi. Da es Sommer und sehr warm war, bemerkten meine Eltern nicht sofort, dass ich fieberte. Als wir durch den zum Schloss gehörigen ältesten noch bestehenden Zoo der Welt schlenderten, der 1752 von den Habsburgern gegründet wurde, dem Tierpark Schönbrunn, fiel meiner Mutter plötzlich mein Zustand auf.

Daraufhin lag ich dann drei Tage im Bett im vierten Stock in der Pernerstorfer Gasse im 10. Bezirk Wiens. Ein österreichischer Arzt kam und verschrieb mir ein gutes Grippemittel. So konnte ich am vierten Tag der Reise endlich mein Wunschziel, den Wiener Prater, besuchen. Ich durfte mit Tante Grete Achterbahn und Geisterbahn fahren und natürlich mit dem Riesenrad, von dem ich etwas enttäuscht war, weil es sich so langsam drehte und man nach nur einer Umdrehung auch schon wieder aussteigen musste. Neben dem Riesenrad stand ein großes Holzfass, aus dem ein Mann Salzgurken herausfischte. Mein Vater kaufte uns eine solche österreichische Delikatesse.

Alte Schlager von damals haben sich in meinen Gehirnwindungen eingefräst. Zum Beispiel „Schuld war nur der Bossa Nova“ von Manuela oder „Das kannst Du mir nicht verbieten“ vom Bernd Spier. Diese Titel habe ich dort während meiner Bettlägerigkeit in Wien ständig im Radio gehört.

Hier das Original-Arztrezept und die Eintrittskarten fürs Riesenrad:

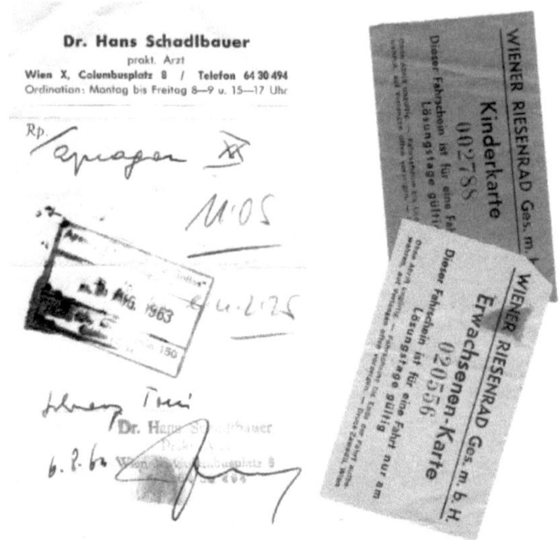

Damals hatten wir nicht so viel Geld, dass wir uns auf der Rückreise eine Unterkunft leisten konnten. Mein Vater wollte mir aber unbedingt noch Klagenfurt und den Wörthersee zeigen. So übernachteten wir zu dritt in dem alten Opel Kapitän, den mein Vater an einer Einbuchtung am See parkte. Ich erinnere mich noch gut an diese Nacht. Die Rückenteile der Vordersitze wurden zu Liegesitzflächen heruntergelassen. Die Liegefläche war steinhart und ich in der Mitte zwischen Vater und Mutter eingequetscht. Mein Vater schnarchte und die Luft im Wagen war sehr stickig, sodass trotz einem kleinen Luftspalt die Scheiben innen anliefen. Ich war froh, als uns die Morgensonne aus dem Wagen lockte und wir uns an einem kalten Gebirgsbach waschen konnten, bevor wir die lange Heimreise nach Rothenburg antraten.

Kapitel: Vinyl

Das Schallplatten-Langspielalbum „With the Beatles“ wurde im November 1963 in Deutschland veröffentlicht.

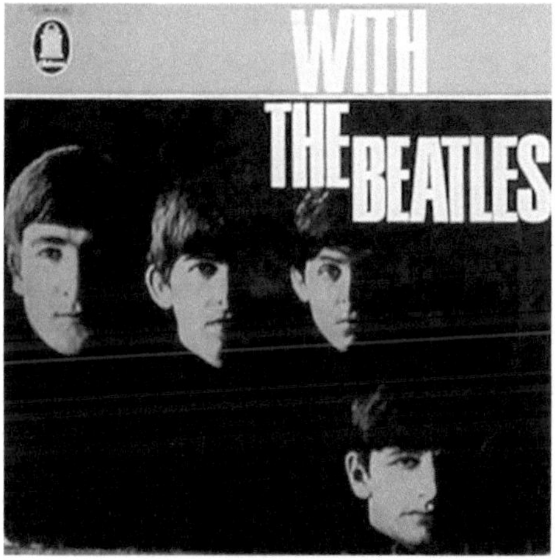

Es war das zweite Album dieser damals noch jungen Beatgruppe.

Dieses Plattenhüllen-Cover inspirierte uns als spätere Gruppe HURT zu folgender Foto-Aufnahme:

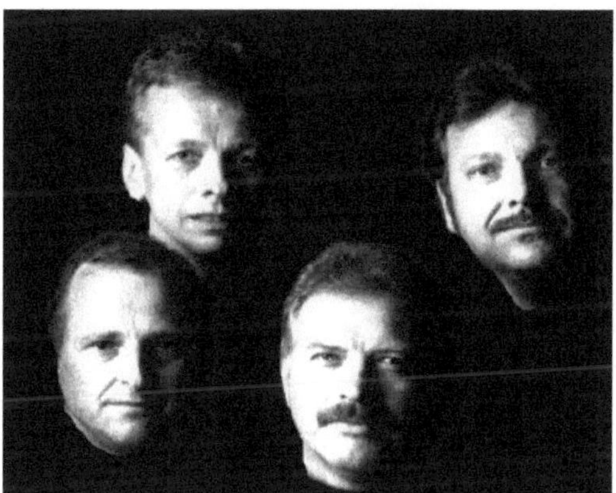

v.l.n.r.:

Hubert(Schlagzeug)-Roland(Bassgit.)-Ulrich(Keyboard)-Toni(E-Git.)

1964, als ich 13 Jahre alt war und irgendwann genug vom damaligen Schlagerschmalz hatte, begann ich mich erstmals bewusst für diese relativ neue Musikrichtung „Beat“ zu interessieren, die bei unseren Eltern so gar nicht gut ankam. Meine Schwester hatte in ihrem Zimmer einen Kofferplattenspieler. Das war ein Plattenspieler, in dessen Deckel der Lautsprecher eingebaut war. Diesen Deckel klappte man auf und stellte ihn neben den Plattenteller. (Natürlich noch nicht über Bluetooth, sondern funktionssicher per Kabel mit dem Plattenspieler verbunden).

Mit ihrem Einverständnis durfte ich manchmal in ihr Zimmer und dieses Musikwunderwerk und Ihre Schallplatten benutzen. Dazu legte ich stets die LP „With the Beatles“ auf. Mit der Zeit konnte ich alle Lieder auswendig. Mich faszinierten der neuartige Sound und die harmonisch zusammenklingenden Stimmen. Die Lieder klammerten sich in meinen noch wachsenden Gehirnwindungen fest. Als junger Mensch hat man bekanntermaßen einen starken Nachahmungstrieb. Daher reifte in mir schnell der Wunsch, in einer Beatgruppe zu spielen. (Ich bin meiner Schwester Poldi sehr dankbar, dass sie mir diese Original-LP in den 1990er Jahren geschenkt hat.)

Zu meinem 15. Geburtstag erhielt ich von meinen Eltern einen gebrauchten Plattenspieler und ein Röhrenradio, an das ich später auch mittels zweier sogenannter Bananenstecker meine erste Elektrogitarre anschloss.

Um etwas Taschengeld dazu zuverdienen, nahm ich im August 1966 eine Ferienarbeit an. Für drei D-Mark die Stunde putze ich hoch auf einem Gerüst stehend in der Rothenburger AEG Lüftungskanäle. Nach drei Wochen hatte ich genug. Dabei fing ich mit dem Rauchen an. Aus dem

Zigarettenautomaten in der AEG ließ ich mir meine erste Packung Zigaretten für DM 2,- heraus. Reyno Menthol-Zigaretten. Mit 15 ½ hörte ich das Rauchen erstmals wieder auf. Mit 15 ¾ fing ich es wieder an. Danach schaffte ich das „Rauchen aufhören" noch mindestens 50 Mal. Zuerst inhalierte ich „Peter Styvesant", dann, als ich unschön zu Husten anfing suchte ich mir eine mildere Sorte. Dabei erinnerte ich mich an meinen persönlichen Konfirmationsspruch „Halte, was du hast, dass niemand deine Krone nehme!" So fing ich an, die Zigarettenmarke „Krone" zu inhalieren und meine Husterei klang plötzlich bedeutend schöner. Erst Neujahr1989 schaffte ich es endgültig mit der Qualmerei aufzuhören und war mächtig stolz darauf. Damit ich meine aufkommenden Entzugserscheinungs-Aggressionen nicht an meiner lieben Frau auslassen wollte, ging ich tagelang regelmäßig in den Keller und trat mit dem Fuß gegen eine Kellertüre. Als Mahnmal habe ich bis heute diese Trittspuren belassen. Meine Entzugserscheinungen wurden zum Glück von Woche zu Woche schwächer. Jedoch träumte ich noch monatelang von rauchenden Fabrikschornsteinen.

Meine Eltern legten mir nahe, dass ich von dem selbstverdienten Geld der Ferienarbeit etwas Sinnvolles kaufen sollte. So kaufte ich mir eine neue Hose und ein sehr kleines Tonbandgerät, um meine Musik vom Radio aus aufzunehmen.

Dass man damals entweder Beatles- oder Rolling Stones-Fan war, ist nur ein Klischee, welches so nicht stimmt. Ich war zwar großer Beatles-Fan, jedoch genauso gerne hörte ich die Gruppen: Rolling Stones, The Who, Kinks, Troggs, Animals, Dave Dee-Dozy Beaky Mick and Tich, Creedence Clearwater Revival, Equals, Beach Boys, BeeGees, Small

Faces, Monkees, sowie auch die deutschen Beat-Gruppen: Rattles, Rainbows, und vor allen Dingen die Lords.

Im Haus neben uns in der Herrngasse befand sich eine Leihbücherei. Dort verdiente ich mir ein Taschengeld mit Ausgabe und Einsortieren der gebrachten Bücher. Für ein halbes Jahr bekam ich dafür 25 DM Lohn. Davon kaufte ich mir meine erste eigene LP. Diese Langspielplatte von der Berliner Beatband „The Lords", auf der Titel wie „Shakin´all over und „Poor boy" enthalten sind.

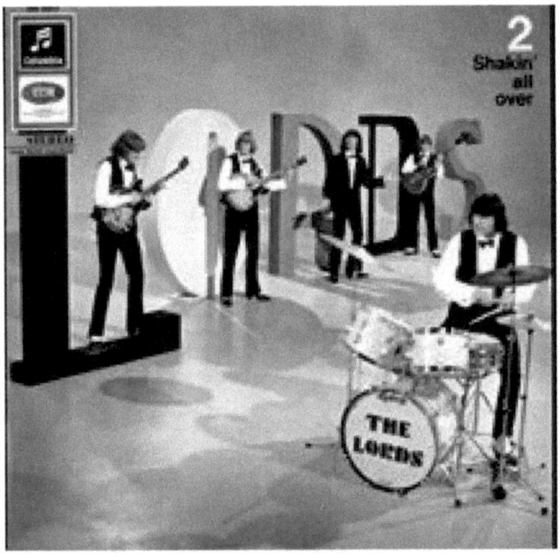

Wenn es Taschengeld gab, pilgerte ich regelmäßig zum „Radio Hörber" am Milchmarkt, um dort die aktuellsten Single-Platten durchzustöbern. Solche „Scheiben" kosteten damals fünf DM. Für einen Schüler war das viel Geld, aber für die Musik opferte man einiges. Da ich gerne die Lords hörte, die unter anderem einige Folk-Songs wie „Over the Rainbow" oder „Greensleeves" spielten, veräppelten mich damals die Kumpels von der „Hardrock-Fraktion". Solche „weichen" Popsongs waren unter den angeblichen Insidern, oder die sich dafürhielten, zu schnulzig.

Auch deswegen hörte ich nur heimlich (aber sehr gerne) die gefühlvollen, schmalzigen Schlager von Christian Anders, wie „Geh nicht vorbei“ und die von Peter Maffay wie „Du“, die ich damals schon für sehr kreativ und stimmungsvoll hielt. Noch heutzutage sind sie tausendmal besser als dieser derzeitige, volkstümliche Schlagermatsch. Einige dieser Schnulzen halfen über manch jugendlichen Liebeskummer hinweg, wie zum Beispiel der Song: „Ein Mann weint keine Tränen“ von Christian Anders. Oder „Immer wieder geht die Sonne auf“ wie auch „Sag ihr, ich lass sie grüßen“, beide vom Udo Jürgens. So baute mich „World“ von den BeeGees bei manchem Kummer immer wieder seelisch auf. „Now, I found, that the world is round and of course it rains every-day!“

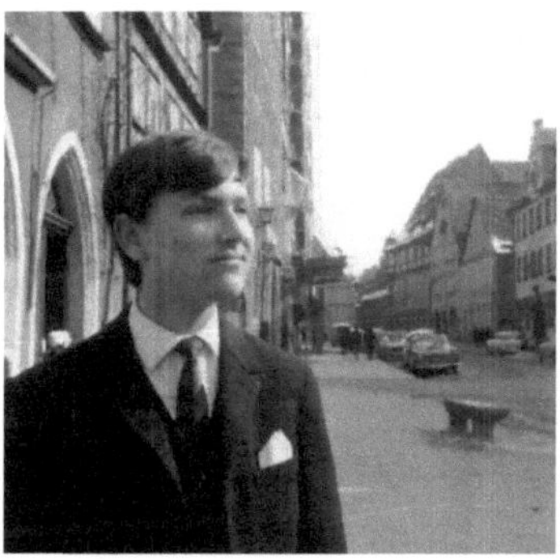

Bilder von 1967
in der Herrngasse
in Rothenburg ob der Tauber

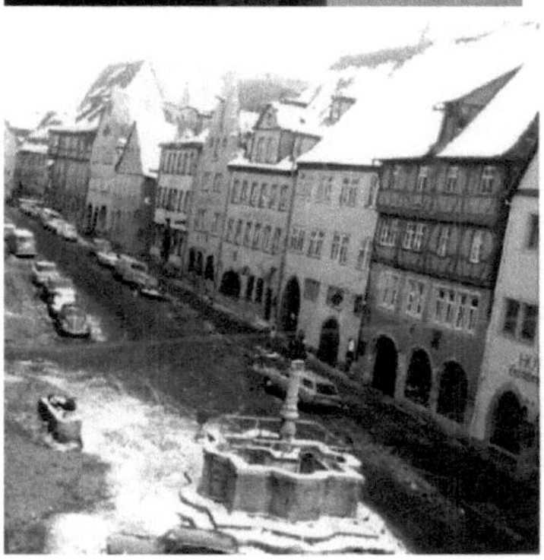

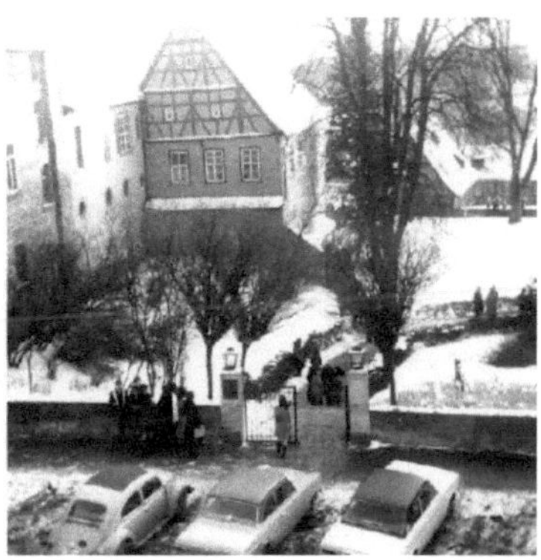

Kapitel: Hin zum Beat

Wie ich schon kurz erwähnte, war unsere Jugend in den Sechzigern unkomplizierter, liebenswerter, vielleicht auch romantischer als in der heutigen Zeit. Obwohl man nicht offen zeigen wollte, dass man gefühlsbetont veranlagt war. Das wurde damals bei einem männlichen Teenager bereits als „schwul“ eingestuft. Und Schwulheit war verpönt, weil es damals anormal war, genauso wie die Linkshändigkeit. Das lag noch in den Köpfen älteren Generation denn in der Nazizeit wurden alle verfolgt, die in den Augen der meisten Leute unnormal waren. Ich musste es am eigenen Leib erfahren, da mir teilweise mit Watschen die Arbeiten mit der „schlechten“ linken Hand abgewöhnt wurde.

Wenn man als „Mann“ gelten sollte, gab man(n) nicht gerne zu, dass man auch einmal gerne und heimlich die schnulzigen Lieder von Christian Anders und Peter Maffay anhörte und für gut befand. Heutzutage gilt ein Mensch fast schon als langweilig, wenn er zugibt, „normal“ zu sein.

Den Peter Maffay erlebte ich live im „Vogts Henniger Keller“ in Insingen, einem kleinen Dorf etwa 10 Kilometer südlich von Rothenburg, wo jedes Wochenende Tanzveranstaltungen stattfanden und gute Bands auftraten. Dort strömten die Jugendlichen zu Hunderten aus allen Richtungen hin. Auch die damals populäre Band „Red Stars“ aus Würzburg mit ihrer aufsehenerregenden Gruselshow trat regelmäßig dort auf. Ein Sarg wurde auf die Bühne gebracht und öffnete sich mit lautem Knarzen. Dann streckte sich eine gruselige Hand aus dem Sarg, die ein blutiges Herz hielt, das aussah als wäre es soeben jemandem herausgerissen worden. In Wirklichkeit war es ein Schweineherz, das durch geschicktes drücken dieser grauenhaften Hand den Anschein hatte, als würde es noch schlagen. Bei diesem Anblick kippten regelmäßig Jugendliche um, weswegen die Show später verboten wurde.

So trampten wir Jugendlichen regelmäßig, mangels eigener motorisierter Fahrzeuge, samstags in Tanzlokale, wie eben in den „Vogts Henninger Keller“ nach Insingen. Ich erinnere mich auch noch gerne daran, wie mein Kumpel Barnie und ich nach Geslau in der Nähe Rothenburgs trampten, wo im Dorfgasthaus am Samstagsabend regelmäßig Tanzkapellen spielten. Bis Barnie zum Militär eingezogen wurde und als Wehrpflichtiger zur Marine ging.

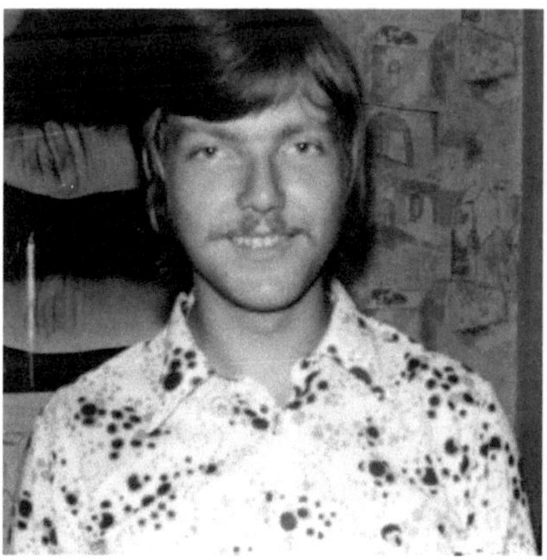

Ich, als 18-jähriger Teenager

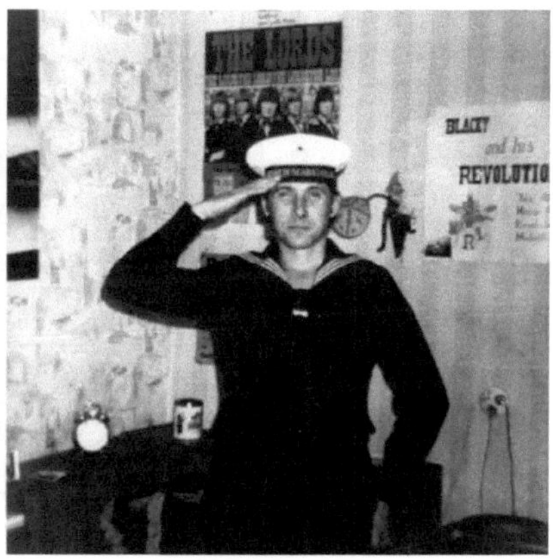

Mein Kumpel Barnie auf Heimaturlaub

(Aufnahmen aus meinem Jugendzimmer in Rothenburg)

Übrigens, von Peter Maffay, der in Insingen auftrat war ich bitter enttäuscht. Ich sah ihn dort erstmals in voller Größe. Oder sollte ich besser sagen „in vollem Kleinen“? Um größer zu erscheinen hatte er etwa zehn cm hohe Absätze an seinen Stiefeln, was aber seinen zwerghaften Eindruck nicht vorteilhafter erscheinen ließ. Bevor er den ersten Song von sich gab, wollte er anscheinend in dieser ländlichen Gegend etwas burschikos wirken und grölte von der Bühne herunter zu einem betrunkenen ländlichen Zuschauer, der eine Whiskyflasche in der Hand hielt:

„Lang mir mal die Pulle rauf, ich habe Durst!“

Nach einem tiefen Schluck aus der Flasche krächzte er ins Mikrophon:

„Ich hatte gestern Abend mit meiner Band eine Party und bin deshalb etwas heiser!“ Dann sang er etwas krächzend los.

Da war ich restlos bedient setzte mich wieder zu meinem Bierchen und dachte:

„Was für ein A…, er meint wohl, nur weil er in einer Tanzhalle auf einem Dorf singt, müsse er keine volle Leistung bringen? Ich hätte am liebsten mein Eintrittsgeld zurückverlangt. Seitdem kaufte ich jedenfalls keine Maffay-Schallplatten mehr. Dagegen gefielen mir andere Bands, die dort auftraten, wie zum Beispiel die „Rattles“ aus Hamburg, sehr gut. Sie spielten alle ihre damalig angesagten Hits und galten lange Zeit als deutsche Antwort auf die Rolling Stones (Die Lords dagegen galten als die deutschen Beatles).

Leider spielten dort die Rattles bereits ohne ihren ersten Frontmann und Bandgründer Achim Reichelt, der sich nach seiner Bundeswehrzeit als Solokünstler beweisen wollte und dann Seemannslieder herausbrachte. Sein Nachfolger war Frank Dostal (singt schon den Song „Cauliflower“), der mit ihm und anderen Musikern den legendären Star-Club in Hamburg pachtete. Zusammen hatten sie auch dazwischen ein Musikprojekt namens „Wonderland“ mit dem sie die erfolgreichen Titel „Moskow“ und „The Witch“ aufnahmen. Mitglied von der Gruppe war übrigens auch John Leslie Humphries, der später seine Les Humphries-Singer gründete, wo auch Jürgen Drews mitsang (später als Solokünstler sang Drews „Ein Bett im Kornfeld").

Ich holte mir im Insinger Henniger Keller von den derzeitigen Rattles Autogramme ab und habe Ihnen als Gag eine selbstgebastelte Autogrammkarte unserer Band „The Revolutions" gegeben. Erst guckten sie erstaunt die Karte und mich an, dann lachten alle und steckten sie ein. Das war es mir wert.

Was das Tanzen anbelangt, so war ich eine Niete. Gut, Beat oder Stehblues waren schon mein Ding. Doch zu größeren Tanzkünsten reichte es bei mir nicht. Tanzen, dachte ich mir, ist eher eine Domäne der Aufreißer. Außerdem waren das in meinen Augen meistens geizige Leute, denn während man die Zeit mit Tanzen verbringt, trinkt man weniger. Dazu kam, dass ich etwas schüchtern und vielleicht auch etwas zu anständig war. Naja, um Mädels kennenzulernen hätte ich schon ganz gerne gut tanzen können. Dabei passierte mir im Henninger Lokal an einem Tanzabend folgendes:

Ich saß an meinem Tisch und fixierte ein sehr hübsches Mädchen an einem anderen Tisch, sie guckte erwartungsvoll zu mir herüber. Ich war zwar schon über 16 Jahre alt, hatte aber Hemmungen hinüberzugehen und sie anzusprechen. Die Band fing wieder an zu spielen. Plötzlich stand das Mädchen auf und kam zu mir herüber. Prima, dachte ich, ein wunderschönes Mädchen interessiert sich für mich. Erwartungsvoll lächelte ich sie an. Sie lächelte zurück. Mein Tagtraum platzte urplötzlich als sie mich fragte:

„Kannst du Cha-Cha-Cha?"

Mein Kopf glühte und ich verneinte kleinlaut, woraufhin sie sich enttäuscht von mir abwendete. Noch heute könnte ich mir in den Hintern beißen, dass ich so dumm reagiert habe. Das war übrigens das einzige Mal in meinem bisherigen Leben, dass mich ein Mädchen zum Tanzen aufgefordert hat. Etwas später verlor ich etwas von meiner Scheu und wurde mutiger, was das Ansprechen von Mädchen betraf. Da ich nicht gut tanzen konnte brachte ich oft die Ausrede, dass mir mein Arzt das Tanzen verboten hat. Wenn das Mädchen fragte „warum“, sagte ich ihr, dass er mich einmal beim Tanzen gesehen hat und mir riet, ich solle es lieber sein lassen!

Als die Soul Musik „in“ war, trampten wir öfters in die Disco nach Bad Windsheim. Dort liefen so angesagte Songs wie „Soul Man“ von Sam and Dave, „In the Midnight Hour“ von Wilson Picket oder „My Girl“ von den Temptations. Meine großen Favoriten waren die Four Tops mit ihrem Hammersound wie zum Beispiel bei „Reach out I´ll be there“ oder „Bernadette“. Das mit dem Trampen kann ich mir heutzutage gar nicht mehr vorstellen. Es war damals schon gefährlich, aber heutzutage noch viel mehr. In Erinnerung bleibt mir dabei folgendes Erlebnis:

Als ich mit meinen Kumpels Hubert und Ernst von einer Disko in Bad Windsheim (auf rothenburgerisch „Bad Windsi“) heimwärts trampte, waren wir schon auf der Landstraße Richtung Rothenburg und hielten unseren Daumen in die Höhe, als ein „VW-Bulli“ vor uns anhielt. Ein dunkel gekleideter Mann lud uns von der Seitentüre des Busses ein, mitzufahren. Wir stiegen ahnungslos in den Bulli und nahmen auf der hinteren Sitzbank Platz. Während das Fahrzeug wieder anfuhr sahen wir im Halbdunkel gegenüber außer dem, der uns einlud mitzufahren, noch zwei Gestalten im schwarzen Anzug sitzen. Während der ersten drei Minuten musterten uns diese Männer wortlos. Langsam wurde es uns etwas mulmig und im Geiste sahen wir bereits, wie die

Gestalten mit ausgefahrenen Vampirzähnen auf uns losgehen. Plötzlich unterbrach einer der drei Gestalten die Stille mit einem lauten Räusperer und fragte uns:

„Habt Ihr schon einmal etwas von Jesus gehört?“

Wir drei schauten uns verdutzt an. Hubert erwiderte:

„Wen meinen Sie denn damit?“

Der Angesprochene knurrte:

„Unseren Heiland, der für uns gestorben ist!“

Erneut schauten wir uns betroffen an, und Ernst fragte mit etwas unsicherer Stimme:

„Was ist denn mit ihm passiert?“

Ich bemerkte die düsteren Blicke der Männer und wollte auch etwas Intelligentes beitragen:

„Wissen Sie, wir kommen aus der Provinz, wo die Nachrichten etwas langsam verbreitet werden. Wir wussten doch noch nicht einmal, dass er krank war!“

Nach dieser Aussage von mir ließ der Angesprochene den Wagen stoppen und wir wurden höflich, aber bestimmend gebeten, den Wagen zu verlassen.

Ich weiß bis heute nicht, ob es irgendwelche Sektenanhänger oder Mafiosi waren. Ich erinnere mich nur noch, dass wir weder bekehrt, noch erdolcht, aber lachend zu Fuß den restlichen Heimweg bewältigten.

Kapitel: Die Schlangengrube und das Pendel

Ich war 16 als im Jahr 1967 Straßenzüge und Häuser in Rothenburg als Filmkulisse für den Grusel-Kinofilm „Die Schlangengrube und das Pendel“ diente. Hauptdarsteller waren Lex Barker, Karin Dor und Christopher Lee. Regisseur war Harald Reinl.

Mein Kamerad Hubert bekam den Tipp, dass die Filmgesellschaft in einem Nebenzimmer des Gasthofes „Zum Greifen“ in der oberen Schmiedgasse beim gemeinschaftlichen Abendessen weilte. Wir beide waren große Fans von Lex Barker, Er war für uns Old Shatterhand, unser Held aus den Karl May-Verfilmungen. Um ihn leibhaftig zu Gesicht zu bekommen und um eventuell sogar ein Autogramm zu ergattern, gingen wir mutig und mit klopfenden Herzen ins Lokal und setzten uns an einen freien Tisch. Dann bestellten wir uns erst einmal ein „Mut-Bierchen“. Da wir vor Aufregung vergessen hatten etwas zum Schreiben mitzubringen, fragten wir die Bedienung, ob sie uns ihren Bestellblock und einen Kugelschreiber ausleihen würde. Damit bewaffnet standen wir auf und schlichen zur Nebenzimmertüre. Unser Herz ist uns zwar in die Hose gesackt, aber unsere Neugierde war stärker und so öffneten wir todesmutig die Türe. Nervös wie wir waren hatten wir weder Augen für die anderen Hauptdarsteller Karin Dor, Christopher Lee oder Carl Lange, die dort gemeinsam am Tisch saßen, noch für die übrige Filmgesellschaft. Unsere Augen waren auf „Old Shatterhand“ gerichtet. Wir bildeten uns ein (oder war es doch Realität?), dass er sein Riesenschnitzel gerade ohne Besteck mit der Hand zu essen begann. Außerdem meinten wir er stehe aufrecht am Tisch. Doch das war ein Trugschluss. Er saß! Er war nur sehr groß und sehr kräftig. Das Stimmengewirr im Raum verstummte schlagartig.

Alle Augen der Filmcrew richteten sich schlagartig auf uns, wohl fragend, was diese beiden Bürschchen sich wohl erlaubten, diese erlauchte Gesellschaft zu stören! Dabei war doch alles, was wir wollten, eine Unterschrift unseres Lieblingsschauspielers! Mutig aber leichenblass standen wir dann vor ihm. Er grinste uns an. Ich dachte, es wurde Zeit, irgendetwas zu sagen, ging mit wackligen Beinen einen weiteren Schritt auf Lex zu und stammelte auf „frängglisch“:

„Please can you give us an autogramm?“

Wir ernteten zwar schallendes Gelächter vom Filmteam, doch unser Traum wurde wahr! Wortlos und grinsend gab uns der große „Old Shatterhand“ seine Unterschrift und drückte mit seinen festen Pratzen unsere Hände. Unsere Köpfe wechselten die Farben von Weiß auf Rot. Wie zwei arme Sünder, aber um ein tollkühnes Erlebnis reicher, schlichen wir aus dem Raum.

Ich bin mir heute noch böse, weil wir von Karin Dor oder von Christopher Lee kein Autogramm verlangten. Das war sicherlich auch für die Filmleute noch ein Gesprächsthema und erzeugte bei denen wohl noch viele Lacher an jenem Abend. Doch wir waren überglücklich, ein Autogramm von Old Shatterhand zu besitzen.

Ewig bedauere ich, dass mir der Zettel mit Old Shatterhands Autogramm im Laufe der vielen Jahre abhandengekommen ist.

Kapitel: Die Politik

So viel ich mich in diesen Jahren für unsere Kinohelden interessiert habe, so wenig habe ich mich mit Politik beschäftigt, obwohl in diesen Jahren viel in der Welt geschah und einige politische Prominenz in der kleinen Stadt oberhalb der Tauber zu Gast war. So besuchte zum Beispiel im Juni 1967 der Schah von Persien Mohammad Reza Pahlavi mit seiner Gattin Farah Diba während ihrer Deutschlandreise (auf einen Abstecher) Rothenburg.

Bei dem Anlass machte ich diese Fotos von Farah Diba nach deren Besuch in der Rothenburger Jakobskirche:

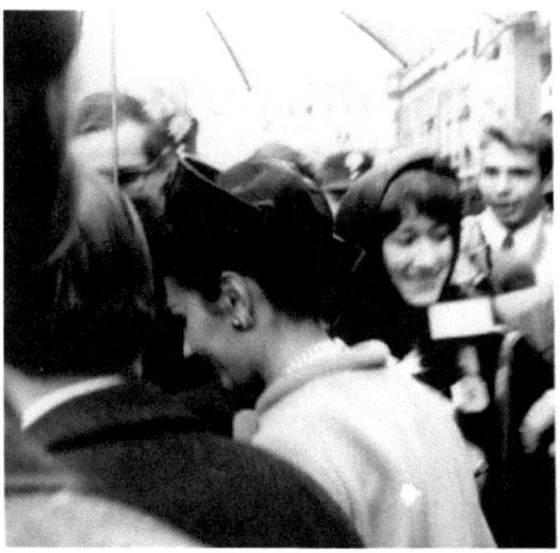

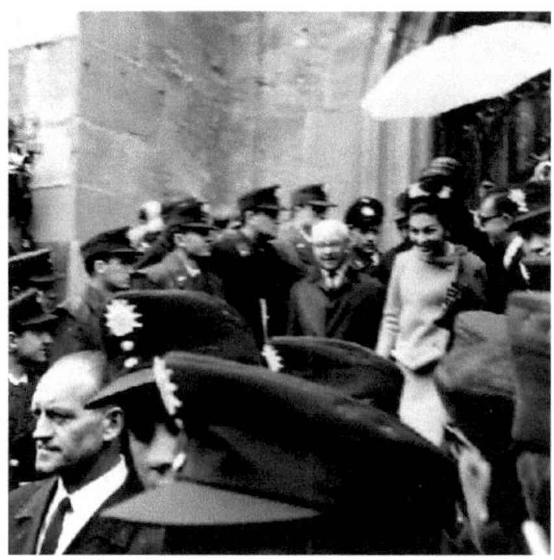

Ebenso erinnere ich mich an den damaligen Bundeskanzler Willy Brandt und an seine ellenlange Wahlkampf-Rede 1973 auf dem Rothenburger Marktplatz. Auf dem Weg zum Burggarten schoss ich dieses Foto in der Herrngasse.

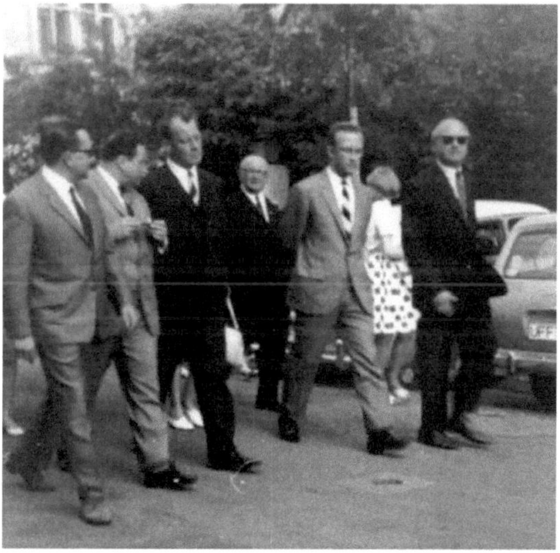

3. v. links - in Begleitung war damals der Oberbürgermeister Alfred Ledertheil (1. von links).

Natürlich bekam ich im August 1961 den Mauerbau in Berlin mit, verfolgte Februar 1962 im schwarz/weiß-Fernseher die schwere Flutkatastrophe an der deutschen Nordseeküste, sowie den Kennedy-Besuch im Juni 1963 mit seinem legendären Ausspruch „Ich bin ein Berliner!“. Genauso kannte ich den 1963 Bundeskanzler werdenden, fetten Ludwig Erhard mit seinem Appell an den Rest der Bevölkerung „Maßhalten!“ Er wurde der Nachfolger von Konrad Adenauer.

In den 1960er-Jahren wütete der unsinnige Vietnam-Krieg und die Baader-Meinhof-Bande verübte etliche Schwerverbrechen in dem Irrglauben politisch damit etwas zu erreichen. Die Studentenunruhen und viele andere Geschehnisse bekam ich wohl irgendwie mit, hinterließen bei mir jedoch keine bleibenden Eindrücke. Mein Hauptinteresse galt damals „der Musik!“.

Kapitel: Lehre

Im Juli 1967 begannen bei der Staatlichen Realschule in Rothenburg die Abschlussprüfungen. Wir erlebten einen wettermäßig schönen Mai. Das verführte allzu oft dazu, dass ich im Rothenburger Waldschwimmbad weilte anstatt für die Prüfungen zu lernen. Ich schwöre, dass ich mir dabei fest vornahm, Anfang Juni noch feste dafür zu büffeln. Dann begann der Juni. Ich erinnere mich genau, wie am Donnerstag dem 1. Juni unser Schuldirektor in das Klassenzimmer trat und uns belehrte, dass, was wir jetzt nicht gelernt haben, wir auch nicht mehr in unsere Köpfe reinstopfen werden können. Also gut, dachte ich, dann gehe ich halt weiterhin lieber ins Rothenburger Waldschwimmbad anstatt zu büffeln. Trotzdem habe ich den Abschluss für die mittlere Reife doch noch geschafft.

An die Abschlussfahrt der Mittelschule kann ich mich noch gut erinnern. Mit dem Bus in Berlin angekommen übernachteten wir in einer Jugendherberge. Am ersten Abend veranstalteten wir im Bettensaal eine kräftige Kissenschlacht, sodass wir vom mitgereisten Klassenlehrer Hebauer eine Ermahnung wie auch die Androhung erhielten, sofort wieder heimfahren zu müssen, wenn wir uns weiterhin so undiszipliniert aufführten.

Morgens gab es in dieser „Juchhe“ statt Kaffee nur Malventee zu trinken. Dieses rote Zeug schmeckte fürchterlich. Da kamen wir auf die Idee, Wetten abzuschließen. Wer verlor, musste die ganze Kanne Tee alleine austrinken.

Tagsüber machten wir Ausflüge zu den Sehenswürdigkeiten Berlins.

Woran ich mich noch gut erinnern kann ist, dass unser Lehrer im Gesicht rot wie unser Malventee anlief und zu stottern begann, als er am Kudamm von einer leichtbekleideten Dame angesprochen wurde. Am folgenden Tag waren Museumsbesuche angesagt. Mein Kumpel Dieter und ich hatten für solch alte Knochen und Tonscherben nichts übrig, also entfernten wir uns heimlich von der Truppe und fuhren mit der U-Bahn durch Berlin. So besuchten wir eigenständig u.a. das Olympia-Stadion und fanden auch einen Conrad-Elektronik-Laden, da Dieter gerne Elektronikbasteleien machte. Das U-Bahnfahren war damals in Berlin für uns ein Highlight. Für 40 Pfennige konnte man durch ganz Berlin fahren. Am kommenden Tag fuhren wir mit der U-Bahn in den Ostteil der Stadt. Jeder von uns musste fünf Mark Westgeld in fünf Mark Ostgeld umtauschen. Wir waren erschüttert, wie verwahrlost die dortigen Geschäfte aussahen. Es gab nichts, was wir uns für die fünf Ostmark hätten kaufen konnten. In den Schaufenstern lag fast nichts und die Häuser sahen alt und ungepflegt aus. Bevor wir wieder zurück in den Westen fuhren, entdeckten wir einen Verkäufer mit einem Eiswagen. Jeder von uns kaufte bei ihm für das Ostgeld eine riesige Portion Waffeleis. Abends in der Jugendherberge grummelten wohl hiervon unsere Verdauungssysteme. Am nächsten Morgen, vor unserer Abreise, tranken wir dann brav unseren Malventee.

Nach einer viel zu kurzen Sommerpause begann dann der sogenannte „Ernst des Lebens“. Ein halbes Jahr vorher hatte ich mir Gedanken zu meiner Berufswahl gemacht. Als mich mein Vater damals fragte, für was ich mich entschlossen habe und mir die Fotografie inzwischen sehr viel Spaß machte, antwortete ich ihm, dass ich gerne Fotograf werden möchte. Mein Vater bekam daraufhin einen kleinen Wutanfall und erklärte mir, dies sei ein Hungerleider-Beruf und dass er mich sofort aus der Realschule nehmen würde, wenn ich diesen Berufswunsch weiterverfolgte. Missmutig schrieb ich daraufhin einige Bewerbungen. Zu allem Übel war in jenem Jahr 1967 eine Rezession in Deutschland und alle Betriebe, die ein Jahr vorher noch um Lehrlinge warben, sagten mir bei meinen Bewerbungen ab. Ich erinnere mich zum Beispiel an eine Bewerbung zum Chemielaborant. Gut, bei einer Einstellung wäre ich vielleicht mit Glück in einer „Brechmittelfabrik“ (Pharmakonzern) gelandet. Auch beim Telefonwesen der Bundespost bekam ich eine Ablehnung, mit der Begründung, dass keine Lehrlinge mehr eingestellt werden. Da ich mit meinem Schulkameraden Dieter des Öfteren Elektrobasteleien machte, entschied mein Vater, mich bei einem Rothenburger Elektriker als Lehrling anzumelden. Mit den Worten:

„Bub, dann kannst Du vielleicht später einmal was mit Computern machen!“ hat er es entschieden und war glücklich, für sein „schwarzes Schaf“ überhaupt irgendwo eine Lehrstelle gefunden zu haben. Ich war weniger glücklich, denn für mich war diese Lehre eine Tortur! Der Elektrobetrieb hatte hauptsächlich Landkundschaft. Ich wusste ja, dass Lehrjahre keine Herrenjahre sind und ich war auch bereit, für meine Ausbildung etwas zu tun und zu lernen. Jedoch wurde es mir bei dieser Firma nicht leicht gemacht. Ich war der einzige „Stadtjunge“ in diesem Betrieb. Die Gesellen waren alle aus den umliegenden Dörfern und dachten sich: „Diesem Stadtjungen werden wir es schon zeigen!“ Wobei sie mit „zeigen“ nicht etwa „etwas beibringen“ meinten. Die interessanten und angenehmeren Aufgaben, wie zum Beispiel Schaltanlagen verklemmen oder Steuerungen verdrahten, das machten sie selbst. Ich durfte Schlitze für die Leitungen in die Wände schlagen, damit die Gesellen dann gemütlich die Leitungen dort verlegen konnten, „durfte“ ich den Gips anrühren. Ich „durfte“ mit dem Bosch-Hammer Mauerdurchbrüche in Beton rattern und mit einem Ytong-Fräser Schlitze in diese weichen weißen Wände fräsen. Der meiste Staub davon landete in meiner Fresse. Abends sah ich dann aus wie ein Schneemann und hustete weiße Wölkchen aus meiner Lunge. Am Ende der Arbeiten durfte ich regelmäßig die Baustellen aufräumen und säubern. Naja, ich erledigte alles ohne Murren, denn ich hatte ja die Binsenweisheit intus, dass Lehrjahre eben keine Herrenjahre sind. Doch wehe, ich machte meine mir zugeteilten Arbeiten nicht ordentlich oder zur vollsten Zufriedenheit der Gesellen oder meines Lehrherren. Ich wurde von den „Land-Gesellen“ oftmals gedemütigt. Ich habe es eben still ertragen und in mich hineingefressen. Beim Meister beschweren war nicht möglich, denn der half immer zu den Gesellen. Für mich etwas angenehmere Arbeiten waren zum Beispiel das Rasenmähen, den langen Gartenzaun oder das Garagentor beim Chef streichen. Für die Inventur durfte ich die Schrauben und andere Arbeitsmittel zählen und aufschreiben. Natürlich musste ich auch für alle Gesellen die Brotzeiten einkaufen gehen. Tätig waren wir auf dem Land in Schweine- oder Kuhställen, um dort Steckdosen oder Licht zu installieren. (daher stammt vermutlich das Wort inSTALLieren). Das Schlimmste für mich war, als wir auf einer Hühnerfarm neue Stalllüfter einbauen mussten. Den beißenden Geruch im Stall von über tausend Hühnern hielt man nicht länger als fünf Minuten aus. Monatelang konnte ich danach kein gegrilltes Hähnchen mehr riechen, ohne mich übergeben zu müssen. An den Gestank in Kuh- oder Schweineställen gewöhnte ich mich allmählich. Meist auf Weihnachten legten sich die reicheren Bauern einen neuen Farbfernseher zu. Dann mussten wir in der Eiseskälte Antennen auf dem Dach installieren und ich „durfte“ dort diese durch Zuruf der Gesellen drehen, damit dieser Kollege in der warmen Wohnstube beim Fernseher die Programme einrichten konnte. In der Werkstatt musste ich des Öfteren Muser säubern, ehe der Meister diese reparierte (Muser sind Zerkleinerer für Tierfutter, so zum Beispiel zum Schreddern von Rüben und Essensreste für Schweine).

Immerhin bekam ich im ersten Lehrjahr etwa 50 DM „Stiftenlohn“, im zweiten Lehrjahr 80 DM, im dritten 120 DM und im letzten Lehrhalbjahr jeweils 180 DM monatlich. Das war damals für mich viel Geld. Doch da ich schon Zigaretten qualmte, war es auch wieder schnell ausgegeben. Die 20-er Packung kostete damals zwei Mark und so ein „Päckle“ rauchte ich zu der Zeit mindestens an einem Tag weg. Als mich ein Arzt fragte, wieviel ich denn an einem Tag rauche, gab ich vorsichtshalber an, nur 5 – 10 Stengel am Tag zu rauchen. Da flippte er fast aus und brüllte mich an, dass das lebensgefährlich sei und ich sofort die Menge reduzieren oder gänzlich mit dem Rauchen aufhören müsse. Ich glaube er hätte mich ins Leichenschauhaus überwiesen, wenn ich ihm die von mir tatsächlich konsumierende Menge gebeichtet hätte (…übrigens Stängel schrieb man zu meiner Zeit noch mit „e“; und da ich sehr eigensinnig bin, schreibe ich dieses Wort nach meiner erlernten Schreibweise, denn die derzeitige Orthographie sowie diese unsinnigen Genderregeln sind für mich ein Alptraum und ein Verbrechen an der deutschen Sprache).

Etwas über die Elektrik lernte ich allein beim wöchentlichen Berufsschultag. Nach dreieinhalb Jahren Lehrzeit kam der Tag der schriftlichen Gesellenprüfung. Es war ein eiskalter Morgen im Februar. Mein Vater lieh mir sein Auto, ein mittelblauer Renault 8, damit ich von Rothenburg zum Prüfungsort, dem Berufsschulgebäude in Ansbach fahren konnte. Dabei nahm ich noch zwei Kollegen mit. Ich fuhr wirklich vorsichtig und wir kamen gut voran. Bis wir auf eine gerade Strecke kurz vor Ansbach kamen. Ich fuhr langsam in einer Wagenkolonne. Alle fuhren Schritttempo, denn die Straße war völlig vereist. Etwa zehn Autos vor uns ereignete sich ein Unfall mit einem VW-Käfer, der dann im Straßengraben lag. Wir fuhren außerdem noch an zwei anderen Fahrzeugen vorbei, die ebenfalls in den Graben gerutscht waren. Plötzlich stockte die Kolonne vor uns. Ich konnte den Renault gerade noch rechtzeitig und vorsichtig abbremsen, so dass ich nicht auf den vorausfahrenden Wagen auffuhr und der Hintermann nicht auf uns draufknallte. So standen wir ein paar Minuten und schauten nervös auf unsere Armbanduhren. Es war nur noch etwa eine Viertelstunde Zeit bis zu unserem Prüfungstermin. Als es endlich langsam weiterging, gab ich im ersten Gang zwar vorsichtig, aber doch zu viel Gas. Der Wagen rutschte auf der Eisplatte nach links in den Straßengraben. Ein großer Stein, der im Graben lag, verdellte die Seitentüre und einen Teil des Hecks. Wir schafften es mit Mühe, den Wagen zu dritt wieder auf die Fahrbahn zu hieven. Ich schwöre, die Fahrbahn war glatt wie eine Schlittschuhbahn. Das Fahrzeug war äußerlich zwar ziemlich beschädigt, aber dennoch fahrbereit. So kamen wir etwa 20 Minuten zu spät zur schriftlichen Prüfung. Ich erinnere mich noch an den Spruch des Lehrers, als wir im Prüfungsraum ankamen und uns für die Verspätung entschuldigen wollten:

„Ja, wenn man halt nicht fahren kann! Ihr müsst auch immer so rasen.“

Nach dieser dummen Schelte durften wir die Prüfung zwar mitmachen, hatten aber 20 Minuten weniger für die Lösungen. Obwohl meine Gedanken immer noch bei dem defekten Auto meines Vaters waren, riss ich mich mächtig zusammen und versuchte mich auf die Aufgaben zu konzentrieren. Erst während der Mittagspause hatte ich die Gelegenheit in einer Telefonzelle meinen Vater zuhause anzurufen um ihm den Schaden zu beichten. Natürlich war er nicht sehr erfreut und ließ es mich merken. Mürrisch sprach er zu mir am Telefon:

„Bist halt wieder einmal zu schnell gefahren!“

Das hat mir damals den größeren Schaden an meiner psychischen Verfassung gegeben als der Unfall selber. Da war sie wieder, die Aussage meiner Eltern welche ich früher so oft vernommen hatte: „Er ist eben ein ungeschickter Linkshänder!“

Obwohl meine zwei Mitfahrer damals meinem Vater persönlich bestätigten, dass ich wirklich keine direkte Schuld an dem Unfall hatte, blieb er bei der Meinung, dass ich zu schnell gefahren sei. Obwohl ich auch in späteren Jahren immer wieder versucht habe, ihm klar zu machen, dass ich damals nicht zu schnell fuhr, beharrte er bis zu seinem Tod auf seiner Meinung, was mich noch heute schmerzt, dass er weder mir noch meinen Mitfahrern geglaubt hatte.

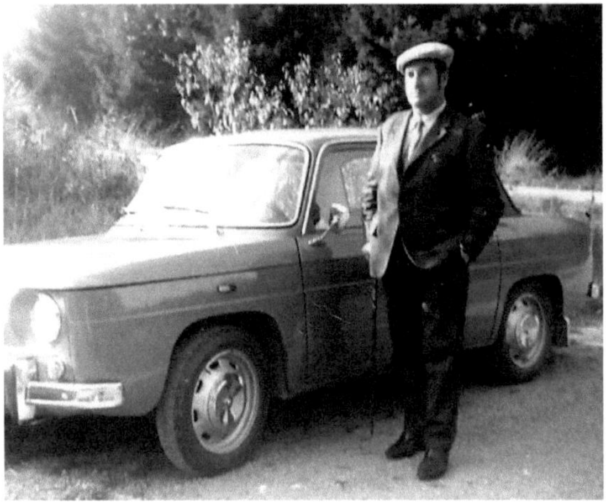

Vater mit seinem (mittelblauen) Renault 8

Die schriftliche Prüfung bestand ich übrigens mit befriedigend, worüber ich unter diesen Umständen sehr stolz darauf war und noch immer bin. Nach zweimonatigem Gesellendasein bei dem Schweinestallelektriker kam ich als Funker zur Bundeswehr. Anschließend war ich fast fünf Jahre als Elektromonteur bei einer Rothenburger Schaltschrankfirma auf Montage. Das war anfänglich auszuhalten, jedoch das „Herumzigeunern“ und die komplette Woche in vielen Orten Deutschlands auf Achse zu sein verlor irgendwann seinen Reiz. Ich wollte endlich sesshaft werden und nicht nur abgekämpft das Wochenende mit meiner Freundin verbringen. Ich erinnere mich noch an einen Freitagabend, an dem ich von der Montage heimkam und vor Müdigkeit auf dem Sofa einnickte. Die gesamte Woche vorher hatte ich mit Kollegen Leitungen in irgendwelchen Kanälen und Schächten auf der Baustelle gezogen. Ich träumte davon und dass wir sehr unter Zeitdruck standen. Meine damalige Freundin wollte mich wecken. Schlaftrunken und erschrocken schlug mit den

Armen um mich und rief laut: „Lass mich, ich muss Leitungen verlegen!“

Obwohl der erlernte Beruf nicht mein Traumjob war, so wollte ich irgendwie auf meiner bisherigen Tätigkeit aufbauen und habe in Würzburg ein DAG-Studium zum Elektrotechniker angefangen. Zuerst ging ich zwei Jahre lang jeden Samstag nach Würzburg in die Abendschule. Neben der Montagetätigkeit unter der Woche war diese Weiterbildung für mich eine Plage. Ich kündigte und beendete das Studium mit zwei Semester in der Tagesschule. Diese schloss ich im Februar 1979 als staatlich geprüfter Elektrotechniker und mit Ausbildereignungsprüfung ab. Während der Studienzeit in Würzburg lernte ich meine spätere Ehefrau Helga kennen, als ich eines Abends in die Würzburger Keller-Disko „Take Five“ ging, die im Keller der Haugerpfarrgasse 7 war. Mit Helga bin ich seit 1981 glücklich verheiratet und wurde so in Würzburg sesshaft.

Meinem Vater bin ich wegen seiner Entscheidung, für mich einen „anständigen“ Berufsweg einzuschlagen, im Nachhinein nicht böse. Natürlich hat er es gut gemeint. Ich war in meinem weiteren Berufs-Leben zwar nicht immer glücklich, habe aber dennoch einigermaßen gutes Geld verdient. Mir ging es finanziell nie sonderlich schlecht. Wer weiß, ob ich in einem künstlerischen Beruf mit der Zeit nicht verhungert wäre.

Kapitel: Das Maulaffeneck

Es war Anfang Januar 1968. Der weihnachtliche Rothenburger Reiterlesmarkt, einer der schönsten in eine mittelalterliche Altstadt eingebetteten Weihnachtsmärkte, war längst abgebaut und es kam unter uns Jugendlichen so etwas wie Langeweile auf. An wärmeren Tagen saßen wir auf den Rathaustreppen und unterhielten uns. Wenn Touristen den Marktplatz überfluteten machten wir uns immer einen Spaß. Tagsüber findet am Gebäude neben dem Rathaus, der sogenannten Ratstrinkstube, zwischen 10 und 22 Uhr, zu jeder vollen Stunde ein Glockenspiel statt. Dann öffnen sich zwei Fenster und zwei bewegliche Figuren ahmen den Rothenburger Meistertrunk mit den Figuren Feldherr Tilly und Altbürgermeister Nusch nach. Nachdem die Figur des Bürgermeisters einen Krug ausgetrunken hat, schließen sich beide Fenster wieder.

Kurz zur Geschichte des Meistertrunkes:
Als während des 30-jährigen Krieges im Jahr 1631 katholische Truppen das protestantische Rothenburg zu plündern drohten, schlug der katholische Feldherr Tilly aus einer Weinlaune heraus einen Deal vor. Sollte der Bürgermeister Nusch es schaffen, einen 3,25 Liter fassenden Humpen voller Frankenwein in einem Zug auszutrinken, würde er die Stadt verschonen. Nusch schaffte dies und so wurde die Stadt gerettet. Seit 1910 wurden in zwei Fenster des Ratstrinkhauses diese Figuren von Tilly und Nusch eingebaut. Wir Jugendliche stellten uns oft vor die Leute, gestikulierten wild und deuteten kurz vor den Stundenschlag in die gegensätzliche Richtung, auf das Gebäude der Marienapotheke. Die Touristen schauten gespannt, was wir meinten dann in die

von uns angedeutete Richtung und verpassten somit dabei regelmäßig das echte Glockenspiel. Das war zwar sehr albern, aber wir fanden das äußerst lustig. An diesen Wintertagen im Januar waren fast keine Touristen in der Stadt.

Da es an diesem Tag Minusgrade hatte und sich keiner von uns auf den Rathaustreppen Frostbeulen am Hinterteil holen wollte, trafen wir uns am sogenannten Maulaffeneck. Wir nannten diesen Ort so, weil sich dort die Jugendlichen trafen, um „Maulaffen-feil" zu halten. Also zu gaffen (da, wie schon erwähnt heute alles „verangliziert" wird, würde man sagen: „Mouth-Monkey-Corner"). Das war die Ecke, an der man vom Marktplatz in die Hafengasse einbog. Dort stand damals ein Rohrgestänge an dem zwei gelbe Wegweiser angebracht waren, über die man sich bequem lehnen konnte. Das Gestänge hatte sich schon leicht nach vorne gebeugt. Ich vermutete, weil es sich von dem „Gschmarri", was es den ganzen Tag hat anhören müssen, sich übergeben wollte.

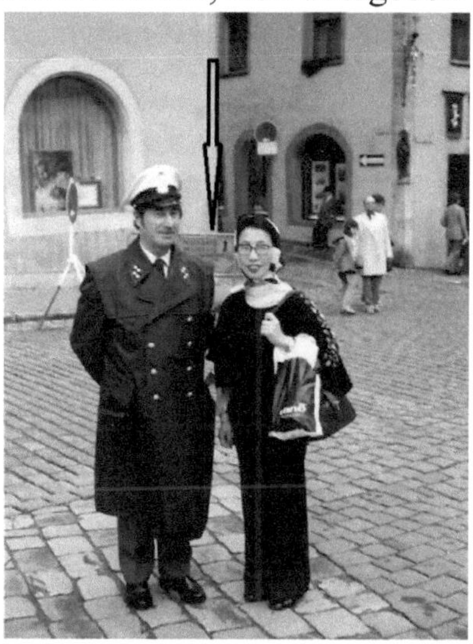

Vater mit japanischer Touristin, dahinter das Schild!

Übrigens habe ich, etwa 30 Jahre später, über unser geliebtes Maulaffeneck einen „Protestsong" geschrieben. Den findet man als Bonus am Ende des Buches. Hierbei habe ich aweng Englisch und Rothenburgerisch gemischt. In Englisch hieße der Song „Mouth-Monkeys-Corner-Song". Falls jemand die Übersetzung des Songs in Hochdeutsch benötigt, bitte mich anschreiben!

Hubert, der bei einem Radio- und Fernsehgeschäft (Radio Hörber) in die Lehre ging, Ernst bei einem Elektrofachgeschäft (Elektro Weigand) und ich, der noch die letzte Klasse Mittelschule besuchte, trafen uns nach dem Mittagessen an diesem für uns magischen Ort, diesem Maulaffeneck. Es war sozusagen unser Kommunikations-Zentrum. Es hatte außerdem den Vorteil, dass man alle Geschehnisse auf dem Marktplatz und in der Schmiedgasse bis hinunter zum Plönlein* und gleichzeitig das Treiben in der Hafengasse mitbekam. Das waren Hauptwege und beliebte Einkaufsstraßen, die zum Marktplatz führten.

*(Wikipedia schreibt:
„Das Plönlein ist eines der schönsten mittelalterlichen Stadtbilder von Deutschland. Der Name "Plönlein" *kommt aus dem Lateinischen (planum) und bedeutet Ebene.")*

Das Gewusel der Amis und die fotografierenden Japaner, die bei ihrem „Drei-Tage-durch-Europa-Trip" natürlich unbedingt das mittelalterlich anmutende Rothenburg ob der Tauber fotografieren mussten, beobachteten wir amüsiert. Daheim schauten diese Tagestouristen dann die Bilder an und wunderten sich, wo sie überall waren. Oft kamen am Maulaffeneck Bekannte vorbei, mit denen man dort abhängen und über das Leben philosophieren konnte. Natürlich hätten wir uns auch in einem Lokal treffen können, doch das hätten auf die Dauer weder das Taschengeld noch unser Lehrlingslohn hergegeben. So standen wir dann eben etwas zitternd an dem kalten Rohrgestänge des Wegweisers lehnend. Das Einzige, was uns ein wenig aufheizte war das Transistorradio, welches Ernst dabeihatte. Aus diesem kam unsere geliebte heiße Beat-Musik. Es plärrte Mick Jagger mit den Stones „We love you" über den Marktplatz. Die BeeGees sangen von „Massachusetts" und die Beatles hauchten „Hello Goodbye" über das Rohrgestänge des geduldigen Schilderhalters an dem wir uns anlehnten.

Es war gerade diese Flower-Power-Zeit, wo sich viele Hippies Blümchen ins Haar steckten und nach San Franzisco wollten (es jedoch nie schafften und sich vielleicht deshalb bekifften).

Ich weiß nicht mehr warum, aber plötzlich hatte ich eine Superidee. Diese Idee rumorte schon sehr lange in meinem Kopf. Ich wagte es bisher nicht, sie auszusprechen. Doch nun musste sie einfach raus aus meinem Schädel.

Während dieser Fred mit seiner Playboy-Band „Judy in disguise" aus dem Radio kreischte, sagte ich plötzlich zu meinen Kumpels:

„Wir könnten doch eigentlich eine Beat-Band gründen!"

Ernstl und Hubert guckten mich ein paar Sekunden lang an als hätte ich gesagt, dass die Beatles allesamt tot seien.

Doch waren sie nach ein paar Schrecksekunden von meiner Super-Idee hellauf begeistert!

Bei unseren Eltern kam die Idee nicht so gut an. Sie versuchten, uns diese „Schnapsidee" auszureden, solche, wie sie es nannten, „ordinäre Negermusik" zu machen. Aber unser

Entschluss stand felsenfest und es gab kein Zurück. Wir drängten uns in die Beatszene!

Mit dem Beschluss, eine Band zu gründen begann der wichtigste, spannendste, schwierigste und zugleich der kreativste Teil der Gründung:

Die Namensfindung! Wie soll das Baby, die neugeborene Band zukünftig heißen? Hubert, Ernstl, Heinz-genannt Igel- und ich setzten uns in die Herrngasse Hausnummer 8, ins Eiscafé Toni, dessen italienischer Inhaber zufällig wie ich Toni hieß. In den Kellerräumen des Cafés befand sich die erste Diskothek Rothenburgs. Heutzutage findet man dort ein Eiscafé mit Pizzeria. Damals tranken wir meistens einen Tee mit Zitrone, denn Tee war billiger als Bier oder Kaffee. Ich hatte es bis in dieses Lokal nicht weit, denn ich wohnte ein paar Häuser weiter Hausnummer 16, in Richtung Burggarten.

So saßen wir dann dort vor unseren Teegläsern und diskutierten über den zukünftigen Namen unserer Band. Da keiner von uns zur „sogenannten Oberschicht“ gehörte und wir alle kein Abi hatten, kam einer, ich weiß nicht mehr wer von uns vieren, auf den Namen „The Undertakers“. Da ich der Einzige war, der beim Englischunterricht aufgepasst hatte, wusste ich, dass dies nicht „die Unternehmer“, sondern „Die Bestatter“ bedeutete. Als ich das den anderen mitteilte, war schallendes Gelächter angesagt. War also nix! Auch „Toni Ketchup und seine Pommes Frites“ lehnten wir gemeinsam ab, genauso wie den anrüchigen Bandnamen „Die Flatulenzen“. Da ich meinen Vornamen Toni sowieso nicht mochte, weil er mir damals etwas arg hinterwäldlerisch klang und weil ich als Kind immer mit dem Volkslied „Wenn der Toni mit der Vroni…“ veräppelt wurde, war es mir lieb, dass mich alle wegen meinem „dunklen“ Nachnamen „Blacky“ nannten (Heute habe ich mit dem Namen Toni meinen Frieden geschlossen und bin froh, dass ich nicht „Anton“ getauft wurde!).

Wir einigten uns darauf - der Ausdruck „Beat“ sollte im Gruppennamen vorkommen. Außerdem waren gerade die Flower-Power-Zeit und der Ausdruck „Love“ beliebt. Ich steuerte noch bei, dass wir als Kontrast noch etwas Wildes, Revolutionierendes im Namen bräuchten. So kamen wir zu dem Beschluss uns „BLACKY AND HIS LOVE BEAT REVOLUTIONS“ zu nennen. Im Ernst – und mit Ernst als Schlagzeuger mit Gesang, Hubert als E-Gitarrist, Igel als E-Bassist und Toni als zweiter E-Gitarrist und Sänger. Ein paar Wochen später nannten wir uns dann einfachhalber nur noch „THE REVOLUTIONS“.

Es sollten im Laufe der Zeit noch verschiedene Umbenennungen stattfinden.

Kapitel: Erste Proben der neugegründeten Band

Unser erstes Band-Equipment hatten wir schnell zusammen:

Das Schlagzeug wurde aus Waschmitteltonnen und Blecheimern aus dem Fischladen „Nordsee“ in der Hafengasse gebastelt.

Als Gitarren dienten billigste Höfner Elektro Brettgitarren, die wir mit unserem Stiftenlohn beim Musik-Müller in der oberen Schmiedgasse abstotterten. Ich erinnere mich noch genau, als ich mein erstes Höfner „Brettle“ erwarb. Es war eine rote E-Gitarre und kostete 80,- D-Mark. Wegen der Flower-Power-Zeit beklebte ich sie damals mit Blümchen-Abziehbildern, die man für Poesie-Alben kaufen konnte (Noch nicht mit den damals beliebten Blumen, die erst 1972 auf jeder Pril-Spülmittelflasche klebten und als Abziehbilder unsere Küchenmöbel und Fliesen verunstalteten!).

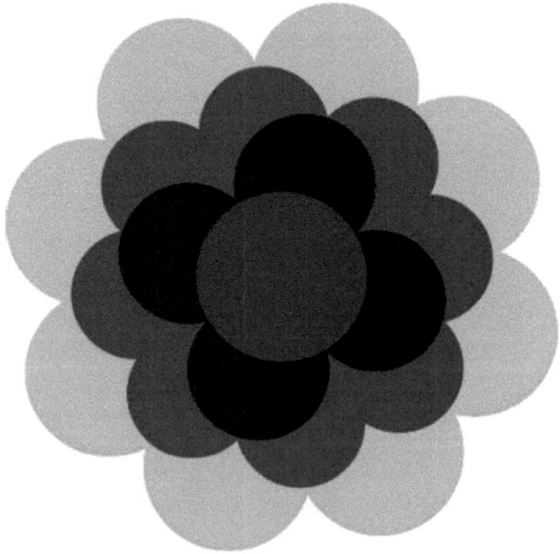

Unsere Gitarrenkabel hatten an dem zweiten Ende zwei Bananenstecker, die wir in die rückseitigen Buchsen von alten Röhrenradios steckten. Das waren unsere ersten Gitarrenverstärker. Aber Vorsicht war geboten! Steckte man nämlich diese Stecker falsch herum, bekam man einen elektrischen Stromschlag.

Dafür hatten die Radios eine an der Front eingebaute automatische Lichtanlage. Ein sogenanntes „Magisches Auge", eine runde Abstimmanzeigeröhre in Form eines Auges, die normalerweise die Empfangsstärke anzeigen sollte. Dessen grünliches Licht zuckte jedes Mal beleidigt zusammen, wenn wir kräftig in die Gitarrensaiten schlugen.

Unsere erste Probe fand im Februar 1968 im Wohnzimmer von Huberts Eltern statt. In dieser Zeit kam „Mighty Quinn" von Manfred Mann und „Judy in duisguise" von JF. & Playboy Band auf den Markt. Status Quo starteten ihren Höhenflug mit „Pictures of matchstick men".

Aber unser allererster gecoverter Song, den wir einprobten, war „As tears go by" von den Rolling Stones. Wahrscheinlich hat es nicht so toll geklungen, denn es rollten tatsächlich ein paar Tränchen, Denn nach diesem Abend wurden wir von Huberts Eltern höflich gebeten unsere Proben nicht mehr in dessen Wohnzimmer, sondern woanders durchzuführen. Am darauffolgenden Tag in der guten Stube bei Igels Eltern kam unser Geschrammel ebenfalls nicht so gut an. Am nächsten Abend „musizierten" wir bei Ernstl im Wohnzimmer. Das hörten aber seine Mutter und der Nachbar – ein Bäcker, der früh raus musste – nicht so gerne. Inzwischen konnten wir doch schon ein paar einfache Beatsongs spielen.

Der Flurfunk unter den Jugendlichen in Rothenburg funktionierte sehr gut und es hatte sich innerhalb von Tagen schnell herumgesprochen, dass sich schon wieder eine neue Band gegründet hat. Wieso schon wieder? Naja, es gab ja bereits ein paar Bands in der Stadt. Eine der ersten Beat-Bands dieser Zeit so um 1966 in Rothenburg, waren die River-Tramps, in der auch mein Bruder Franz mitspielte.

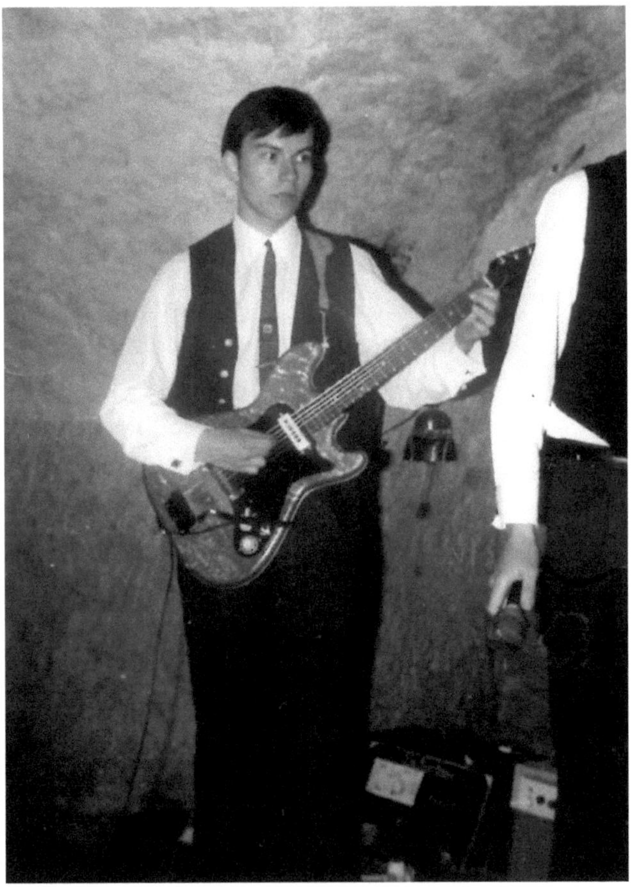

Mein Bruder Franz 1966

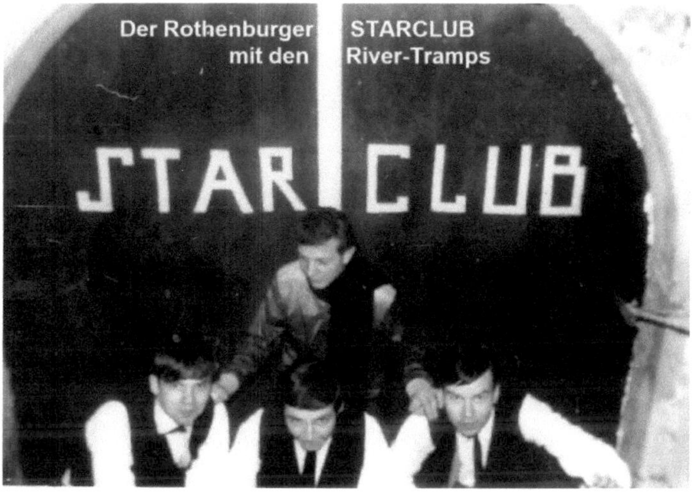

Sie probten zeitweise im Gewölbekeller des Dekanates in der Klosterstraße in Rothenburg und traten auch im Henniger Keller in Insingen auf.

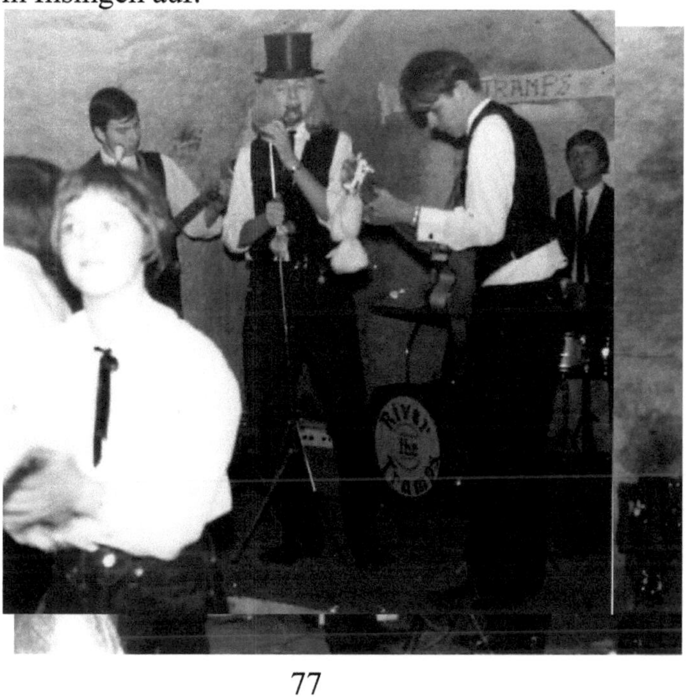

Tanz am laufenden Band

INSINGEN — Heute abend findet in Vogts „Henninger-Keller" wieder eine große Tanzveranstaltung statt. Es spielen die Kitzecker Musikanten. Außerdem tritt der bekannte Jodler und Schlagersänger Sepp Viellechner auf. Den ganzen Abend kann ohne Pause getanzt werden, da ständig zwei Kapellen spielen. Am Sonntag ist großer Maitanz. Ab 15 Uhr spielt die Beat-Kapelle „The River-Tramps", und ab 20 Uhr die „Canaris-Combo".

Vogts „Henninger-Keller" Insingen

Es spielen:

Samstag, 30. April 1966, ab 20 Uhr
Einmaliges Gastspiel der **Kitzecker Musikanten aus der Steiermark**
Conférencier: **Gerti Krieger**
Jodel- und Schlagersänger **Sepp Viellechner**
(bekannt vom Bayerischen Rundfunk)

Sonntag, 1. Mai 1966, ab 15 Uhr
Beat-Kapelle „The River-Tramps"
Kartenvorbestellung über Telefon 0 98 69/12

ab 20 Uhr: **Großer Maitanz**
Kapelle „Canaris-Combo"

Prost Henninger
... das schmeckt

Es war die Zeit, nachdem die Beatles eines ihrer kreativsten Alben, die Sergeants Peppers, herausbrachten. Auf der Langspiel-Plattenhülle waren sie in bunten Fantasieuniformen abgebildet.

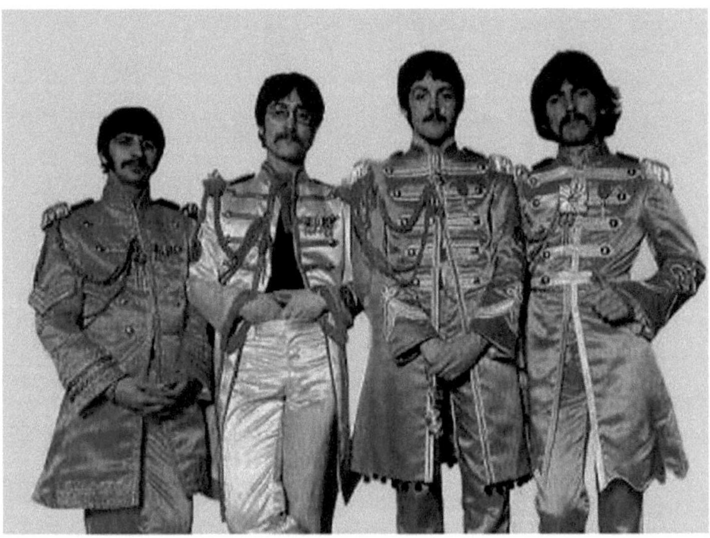

Mein Bruder und seine Kumpels hatten sich der Gaudi halber zu Silvester 1967 solche Uniformen nähen lassen. Etwas „angeschickert" wollten sie dann zu dem Silvester-Galadiner in Rothenburgs edlem Hotel Eisenhut. Zuerst wurden sie nicht in den Saal gelassen. Als aber dann der Hotelier und seine Frau die Jugendlichen mit ihren außergewöhnlichen Outfits bemerkten, waren die ganz begeistert von den tollen Uniformen und ließen sie herein und sich mit ihnen fotografieren.

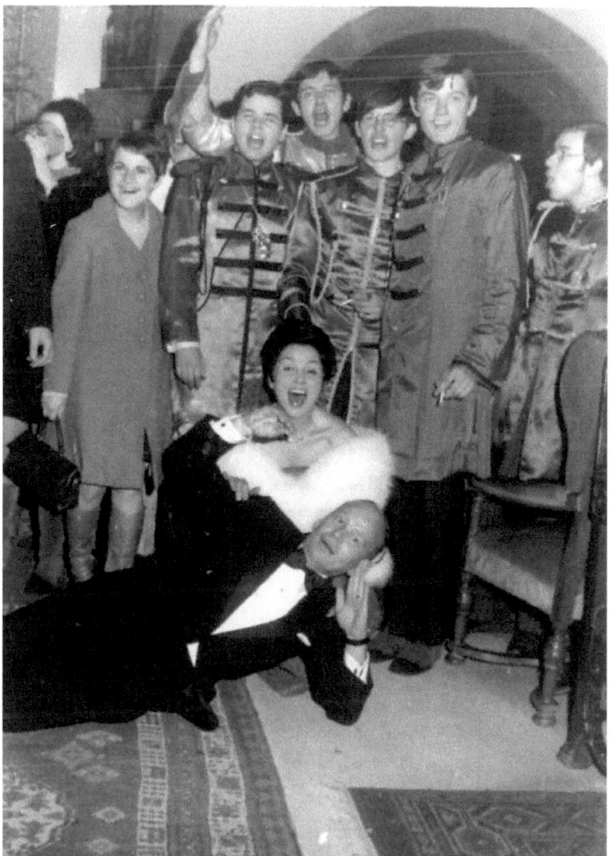

Etwa zur gleichen Zeit gründeten sich die „Earls“. Etwas später die „TpInt“ (=Abkürzung von The Trepians Introspectiv – zu Deutsch etwa: die beschaulichen Schädelbohrer) und die „Resonance“.

Man verzeihe es mir, falls ich die eine oder andere Band in der Aufzählung der Rothenburger Bands dieser Zeit vergessen haben sollte.

Ein paar Tage nach unseren ersten Proben bekamen wir die Anfrage, ob wir beim Jugendnachmittag am Sonntag, 25. Februar 1968 im Hospiz-Saal beim Gasthof Rappen vor dem Galgentor zusammen mit den TpInt und den Resonance mitmachen möchten. Da wollten wir natürlich unbedingt dabei sein und waren höchst aufgeregt. Es sollte unser erster öffentlicher Auftritt werden. Wir sagten zu, ohne großartig zu überlegen. Nun hieß es für uns, sich äußerst anzustrengen, damit wir in den restlichen fünf Tagen ein Programm zusammenbekommen. Es war Donnerstag, der 22. Februar und der Auftrittstermin rückte bedrohlich näher. Ernstls Tante, Frau Göllinger, hatte in der Spitalgasse einen Milchladen. Gnädigerweise erlaubte sie uns in den feuchten Lagerkeller unter dem Laden die restliche Zeit bis Sonntag zu proben. Das war unsere Rettung. Wir probten so lange, bis wir zehn Titel im Programm hatten und waren glücklich. Von dieser Tante bekam Ernstl als nachträgliches Weihnachtsgeschenk ein rotes Schlagzeug, das man vom Versandhaus Quelle damals bestellen konnte.

Kapitel: Der erste Auftritt

Dann endlich kam der Sonntag, an dem der erste Auftritt unserer neugegründeten „Revolutions" stattfand. Ich glaube, dass in der Nacht davor keiner unserer Bandmitglieder (vor Nervosität) schlafen konnte. Innerlich aufgewühlt, aber gutgelaunt gingen wir zum Jugendtanz. Vor uns spielten TpInt, danach wurden wir angekündigt. Wir betraten die Bühne und stöpselten unsere Gitarrenkabel in deren Echolette-Anlage. An unseren Händen und auf unseren Köpfen rann der Schweiß, wir zitterten und machten uns fast in die Hosen. Dann begrüßte ich die Zuschauer mit etwas unsicherer Stimme und wir legten los. Den ersten Song hatte ich selbst geschrieben. Er war sehr einfach gestaltet und der Text war leicht zu merken. Er bestand aus „We are the Revolutions – We are the Revolutions – We are the Revolutions – We a-a-ar „. Der Rest des Songs bestand aus einfachen Gitarrenriffs und einem Schlagzeugsolo. An die meisten weiteren Titel erinnere ich mich nicht mehr ganz genau. Ich weiß nur noch, dass wir damals „Zabadak" von Dave Dee, Dozy, Beaky, Mich and Tich, „Cadillac" von den Renegades und „As tears go by" und „I´m free" von den Rolling Stones spielten. Dazu noch ein auf die Schnelle selbst gebasteltes Lied „(It was only) a dream".

Im Laufe der nächsten zwei Jahre bastelte ich noch weitere Songs, von denen ich aber leider nur noch „Alone (in the rain)" kenne und für mich daheim ab und zu spiele. Aber dieses nur nebenbei

Jedenfalls bekamen wir nach unserem ersten Auftritt unseren allerersten Applaus. Stolz gingen wir von der Bühne. Gage bekam an diesem Abend nur die Band TpInt. Wir waren halt nur der „Lückenbüßer“. Aber das machte uns zu der Zeit nichts aus, dafür stand am folgenden Tag ein Bericht über den Jugendtanznachmittag im Rothenburger Teil der Zeitung Fränkischer Anzeiger und mit einem Foto von uns und unserem ersten Auftritt. Was manchen der Jungs der beiden anderen Bands vermutlich sehr ärgerte.

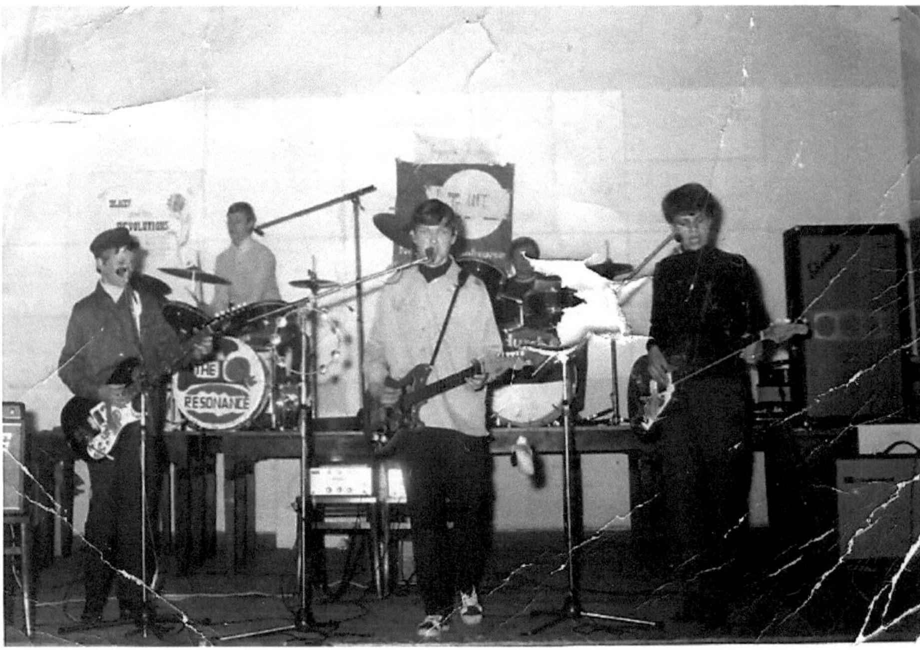

v.l.n.r.: Hubert, Ernst, Toni, Heinz (Igel)

Für den zweiten Auftritt im Hospiz am 28. April 1968 hatten wir fleißig geprobt und konnten bereits mit einem 1½-stündigen Programm aufwarten. Und wir bekamen diesmal auch eine Gage von 40 DM.

Zeitweise spielten wir dann im Mai 1968 mit zwei Schlagzeugern. Warum weiß ich nicht mehr, aber es ergab sich so, dass als zweiter Schlagzeuger kurzfristig Dieter dazu kam. Wir dachten einfach, dass das vielleicht cool sei und wir uns dadurch von den anderen Bands unterscheiden konnten. Mit zwei Schlagwerken spielten wir nur am 25. Mai 1968 als „Resolution“ in Detwang bei einer privaten Party. Dabei erinnere ich mich, dass wir unter anderem „Lazy sunday afternoon“ von den Small Faces zum Besten gaben. Wir sollten am Sonntag darauf im „Eckele“ zum Tanz auftreten. Als der Wirt mitbekam, dass wir mit zwei Schlagzeugen kommen, sagte er uns ab. Wir sahen ein, dass wir so keine Aufträge mehr bekommen und spielten ab sofort wieder nur mit Ernstl am Schlagzeug. Dieter machte daraufhin bei TpInt als Schlagzeuger mit. Somit stand eine erneute Umbenennung an. Wir tauften uns „Fire-Circle“.

Unser dritter Auftritt im Hospiz war am 7. Juli 1968, wo wir 30 DM Gage erhielten. Vielleicht wundern sich jetzt einige Leser, dass ich so viele Daten auf den Tag und auf DM genau noch weiß. Das kommt daher, weil ich damals penibel über alle Begebenheiten der Band Buch führte und ich diese Zettel, auf die ich alles handschriftlich notierte, neulich erst wieder in meinem häuslichen Chaos wiederfand.

Meine Eltern hatten einen Schrebergarten, hinter der früheren AEG-Fabrik. Dieser Kleingartenverein veranstaltete am 4. August 1968 ein Sommerfest. Mein Vater sorgte dafür, dass wir dort für die Jugend auftreten durften.

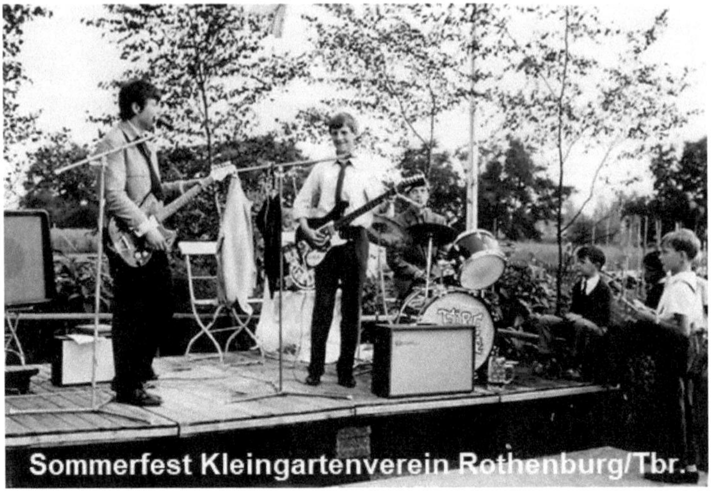

Sommerfest Kleingartenverein Rothenburg/Tbr.

Unsere Gage betrug immerhin 60 DM. Außerdem ließen wir noch einen Hut herumgehen, in dem 54 DM an Spenden zusammenkam. Wir konnten uns nun endlich einen neuen Mikrophonständer kaufen. Die ersten Ständer hatten wir nämlich von einem Schlosser in der Spitalgasse aus Wasserrohren zusammenschweißen lassen und bunt lackiert. Diese waren jedoch sehr schwer und unhandlich. So kauften wir später von den Gagen einen professionellen Mikrophonständer, den ich übrigens noch heute gelegentlich benutze.

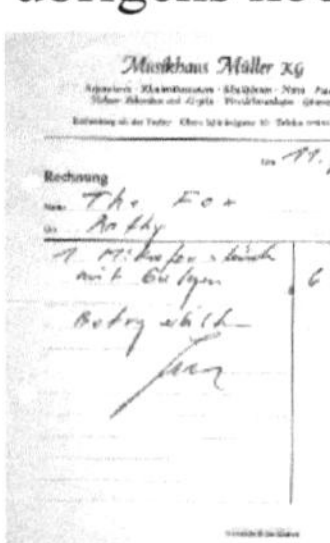

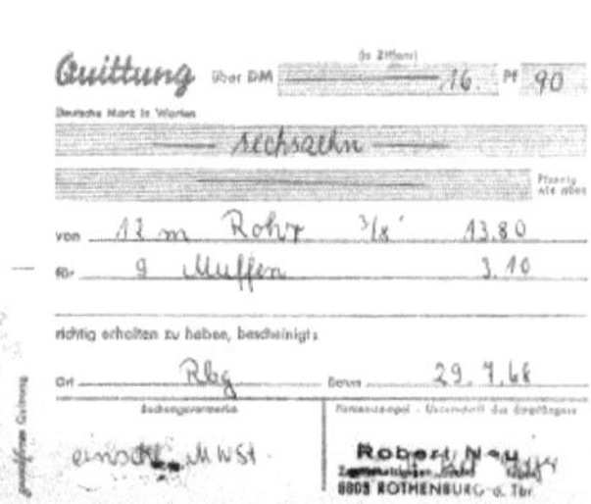

Quittungen über Material für den Selbstbau unserer Stative und über unser erstes „richtiges“ Mikrophonstativ

Kapitel: Beim Bayerischen Rundfunk

Wir waren sehr mutig und meldeten uns nach ein paar Monaten laienhaftem Zusammenspiel im Juli 1968 zu einem Amateur-Bandwettbewerb „Bayerische Leichtgewichte“ beim Bayerischen Rundfunk an. Am 19.September 1968 erhielten wir eine Zusage, dass wir uns am Samstag, den 12. Oktober um 15 Uhr zu einer unverbindlichen Mikrophonprobe im Studio Nürnberg in die Wallensteiner Straße 117, einfinden sollen.

Bayerischer
Rundfunk

Herrn
Hubert Bialojan

8803 Rothenburg o.d.T.
Rosengasse 25

Unterhaltung
2019

Be/Hf

19.9.68

Sehr geehrter Herr Bialojan!

Sie haben sich zur Mitwirkung bei unserem Amateur-Wettbewerb
" Musikalische Leichtgewichte "
ein Wettstreit der Amateure aus den 7 Regierungsbezirken Bayerns, angemeldet.
Da wir zunächst einmal im Rahmen einer unverbindlichen Mikrophonprobe unter den Bewerbern aus dem Regierungsbezirk Mittelfranken die vier besten Solisten oder Gruppen auswählen wollen, bitten wir Sie, sich am
Samstag, den 12. Oktober 1968 um 15.00 Uhr
in Studio Nürnberg, Nürnberg Wallensteinstr. 117 einzufinden.

Falls Sie für Ihre Darbietungen einen musikalischen Begleiter benötigen, steht Ihnen ein Pianist zur Verfügung. Wir müssen jedoch darauf aufmerksam machen, daß in diesem Falle brauchbares Notenmaterial mitgebracht werden muß.

Sollten Sie verhindert sein, zu obigem Termin zu erscheinen, bitten wir Sie um vorherige Benachrichtigung.

Mit vorzüglicher Hochachtung
BAYERISCHER RUNDFUNK
(Abt. Unterhaltung)

(Herbert Beckh)

Weiter hieß es in dem Schreiben, dass der Rundfunk uns gegebenenfalls einen Pianisten zur Verfügung stellen konnte, wir aber in diesem Fall brauchbares Notenmaterial mitbringen sollten.

Brauchbares Notenmaterial? Wir mussten lachen. Von uns konnte keiner Noten lesen, geschweige denn nach Noten spielen. Wie die meisten Musiker in dieser Zeit spielten wir nach Gefühl. Vor der Bandgründung hatte ich nicht einmal eine Gitarre zum Akkorde üben. Ich hatte mir auf einem länglichen Stück Holz Saiten und Bundstege aufgemalt und damit Griffbilder geübt. Texte versuchten wir vor dem Röhrenradio mitzuschreiben. Falls ein Text fehlte oder wir ihn vergessen hatten, sangen wir einfach einen englischen Fantasietext. Das merkte damals fast keiner und wenn, war das in diesen Tagen nicht so schlimm. Wenn wir geahnt hätten, was sie im Anschreiben mit „musikalischen Leichtgewichten" meinten, hätten wir uns wahrscheinlich nicht angemeldet.

Mein Vater fuhr uns am 12. Oktober mit einem geliehenen VW Bulli samt unseren Instrumenten ins Nürnberger Studio. Während der Fahrt waren wir äußerst nervös und versuchten verzweifelt, unsere endlich einmal eingeübten Texte nicht zu vergessen. Ernst war so nervös, dass er zu seinem Sitznachbar Hubert plötzlich sagte:

„Um Himmels Willen, wo ist denn Toni, wir haben vergessen den Toni mitzunehmen!" Alle lachten, denn ich saß hinter ihm. Im Studiogebäude durften wir vor dem Aufnahmeraum auf einer Holzbank warten, bis eine Volksmusikgruppe vor uns fertig war. Nach einer Stunde kam endlich ein Mitarbeiter des Rundfunks und wir durften mit zittrigen Händen Schlagzeug und Instrumente aufbauen. Eine

Verstärkeranlage wurde gestellt und wir mussten unsere Gitarren nur noch dort einstöpseln.

Ich erinnere mich noch genau, dass wir im Studio drei Songs spielten. Einer davon war „Sky Pilot“ von den Animals. Dann noch zwei Eigenkompositionen, weil wir dachten, dass es da nicht so auffiel, dass wir eigentlich doch noch blutige Anfänger sind. In den Gesichtern der Studiotechniker hinter der Glasscheibe bemerkten wir während unserer Darbietungen ein abfälliges Grinsen. Das war uns aber egal. Da ahnten wir bereits, dass wir nichts mehr vom Bayerischen Rundfunk hören würden.

Wieder daheim in Rothenburg angekommen gingen wir mit stolzer Brust in die Kellerdisko in der Herrngasse. Der Discjockey begrüßte uns überschwänglich und sagte durchs Mikro, hier kommen die Fire Circle, die beste Rothenburger Beat-Band, soeben zurück vom Vorspielen beim Bayerischen Rundfunk. Wir fühlten uns an diesem Abend sehr gut, obwohl wir natürlich inzwischen wussten, dass wir keine Chance beim BR etwas zu gewinnen hatten. Das war uns aber nicht so wichtig. Am folgenden Montag standen wir im Rothenburger Teil der Zeitung. Später erfuhren wir, dass irgendeine mittelfränkische Jodelgruppe den Wettbewerb gewonnen hatte.

Kapitel: Wir Vier und die Lords

Wir vier, also Hubert, Ernst, Heinz (später Märtl) und ich waren in der Gruppe gleichberechtigt, was Bestimmung, Liedauswahl und Umgang miteinander betraf. Wir hatten viel Spaß und lachten über jeden Ulk. Ich bin mir zwar bewusst, dass man sich über Gebrechen oder Krankheiten anderer nicht lustig machen darf. Dennoch mussten wir damals über folgendes herzhaft lachen.

Ernst ließ sich bei einem Rothenburger Fotografen, der eine Hasenscharte und somit einen Sprachfehler hatte, Passbilder anfertigen. Als er die Bilder abholen wollte und sie beim Fotografen vorsichtshalber erst anschaute, bemerkte Ernst, dass er auf den Bildern die Augen geschlossen hatte. Er zeigte dieses dem Fotografen und meinte, dass er diese Bilder doch so als Fotos für seinen Ausweis nicht nehmen könne. Der Fotograf riss ihm die Bilder aus der Hand, guckte mit hochrotem Kopf auf die Fotos, drehte seine Augen heraus und näselte:

„Oh - Augen thu – thade!“

In Rothenburgs rauer Szene gab es einen stadtbekannten Schlägertyp mit Spitznamen „Bongo“, mit dem man als „Normalo“ lieber nichts zu tun hatte. Ich kannte diesen Typ eigentlich nicht so richtig, meine Kumpels schon. Vor einiger Zeit hatte dieser Bongo ihnen einen aus einem einbeinigen Metallgestell und einem Motorradsitz selbstgebastelten Sitz geklaut. Es war ein sehr originelles Unikat und Ernst und Hubert hätten ihr Werk gerne wieder gehabt. Eines Tages, als wir zu Ernst in die Wohnung gehen wollten, um auf seinem Telefunken-Tonbandgerät ein paar Songs abzuhören, kam uns dieser Rüpel in der Galgengasse mit zwei von seinen Kumpels entgegen. Meine Freunde gingen schnell zu Ernst ins Haus. Ich blieb stehen und fragte ganz höflich nach dem Stuhl und ob er nicht so freundlich wäre, ihn uns wieder auszuhändigen. Er schaute mir tief in die Augen und antwortete mit einem Schlag mit seiner Faust gegen meine Stirn. Ich war zwar etwas benommen und sah ein paar Glitzersternchen, empfand es aber als nicht so schlimm. Inzwischen beobachteten meine Kumpels die Situation schielend um die Ecke. Ich blieb ruhig stehen und tat so, als spürte ich nix, obwohl der Kopf etwas dröhnte. Bongo guckte mich beeindruckt an. Plötzlich lächelte er und sagte mir, dass er ja eigentlich nix gegen mich persönlich hätte. Dann lief die Gang grinsend an mir vorbei in Richtung Stadtmitte. Der Vorfall hinterließ großen Respekt bei meinen Kumpels. Aber scheinbar nicht nur bei ihnen. Am folgenden Tag stand der Designersitz vor Ernstls Wohnungstür.

Ende der 60er Jahre gab die Berliner Beatband „The Lords" ein Konzert in der Rothenburger Sporthalle. Als Lords-Fan musste ich unbedingt dorthin.

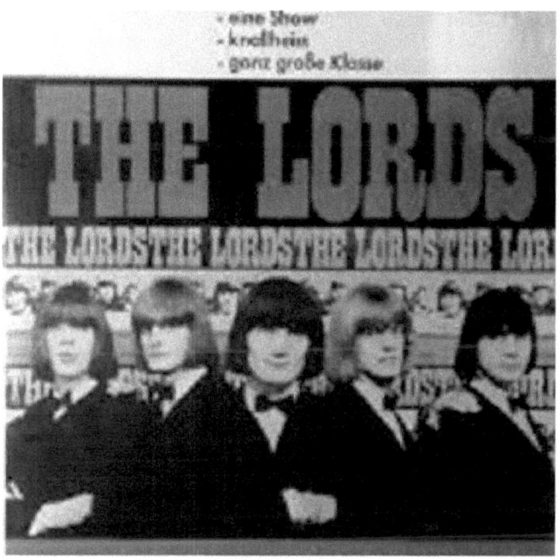

Ich erinnere mich, wie ich am Vormittag des Konzertes mit meinen Freunden am Gymnasium vorbeischlenderte und plötzlich ein Oldie Cabriolet mit offenem Verdeck neben uns bremste. Es saßen vier Jungs mit halblangen Haaren darin, die uns nach dem Weg zur Sporthalle fragten. Artig beschrieben wir den Weg dorthin. Sie bedankten sich und fuhren weiter. Plötzlich wurde uns bewusst, dass dies doch die Gesichter unserer Idole Lords waren. Wir hatten sie nur nicht erkannt, weil sie nicht mehr die langen typischen Lords-Frisuren hatten, wie auf den Schallplattencovern und den Bravo-Bildern. Wir ärgerten uns natürlich sehr, dass wir sie nicht sofort erkannten. Zu gerne hätten wir uns mit ihnen unterhalten und ein Foto mit ihnen gemacht.

Da zum Konzert der Lords in der Sporthalle keine Bestuhlung aufgestellt wurde, ließ man sich seitens der Konzertagentur etwas einfallen und lobte einen Preis für den originellsten mitgebrachten Stuhl aus. Es wurden von den vielen Jugendlichen nur drei oder vier originelle Stühle mitgebracht. Natürlich siegte unser Designerstuhl und wir bekamen als Gewinn einen Geschenkkorb mit allerlei Fresswaren und Süßigkeiten.

Kapitel: Das Türmle

Nach unserem ersten Auftritt im Hospitz hatten wir ein großes Problem. Wir hatten noch immer keinen Raum zum Proben, nicht einmal einen feuchten Keller. Es vergingen ein paar Tage, da las ich eines Morgens eine amtliche Anzeige im Rothenburger Teil des Fränkischen Anzeigers, dass der damalige Oberbürgermeister Alfred Ledertheil eine Bürger-Sprechstunde für Anliegen der Rothenburger ankündigte. Ich dachte mir, das ist unsere Chance, mehr wie mich rausschmeißen kann er nicht. Vorsichtshalber habe ich mich vorher etwas „aufgepimpt". Ich war beim Friseur Bianka in der Galgengasse und investierte dort 3,50 DM für einen ordentlichen Haarschnitt! Außerdem zog ich meine beste Jacke und ein frisches Hemd an und wusch mir vorsichtshalber Hals und Füße.

Der OB empfing mich äußerst freundlich. Ich nutze intuitiv die richtige Fragetechnik, indem ich ihm die missliche Lage der Rothenburger Jugendszene klarmachte und ob er nicht auch der Meinung ist, dass es besser für die Jugendlichen wäre, Musik zu machen, statt herum zu gammeln und zu kiffen! Ob er vielleicht einen Raum für uns wüsste, in dem wir proben könnten und somit durch unsere Auftritte dann viele Jugendliche profitieren würden. Nachdem mich der Stadtoberste eine Weile stumm angesehen hatte, grinste er und sagte:

„Gut, ich hätte da einen Raum, den Sie aber mit einer anderen Jugendgruppe teilen müssten. Es ist ein Türmchen an der Stadtmauer beim Rödertor."

Er machte mir dann noch ein paar Verhaltensmaßregeln bei der Benutzung dieser Räumlichkeit klar und erklärte mir, wo ich den Schlüssel für diesen Probenraum abholen konnte.

Außerdem müsste ich mich noch mit der anderen Jugendgruppe, die derzeit schon darin hauste, in Verbindung setzen und mich mit ihnen absprechen. Ich bedankte mich artig, verabschiedete mich freundlich lächelnd und verließ sein Büro. Als ich die Tür hinter mir geschlossen hatte, machte ich einen Luftsprung und stieß einen lauten Freudenschrei aus, sodass seiner Sekretärin, die gerade an mir vorbei ging, beinahe die Aktenordner aus der Hand fielen. Ich grüßte sie überfreundlich und mit rotem Kopf. Sie schaute mir lange kopfschüttelnd nach.

Nun hatten wir also endlich einen tollen Probenraum in den wir fast täglich während unserer Freizeit pilgerten um…naja, hauptsächlich um Musik zu machen.

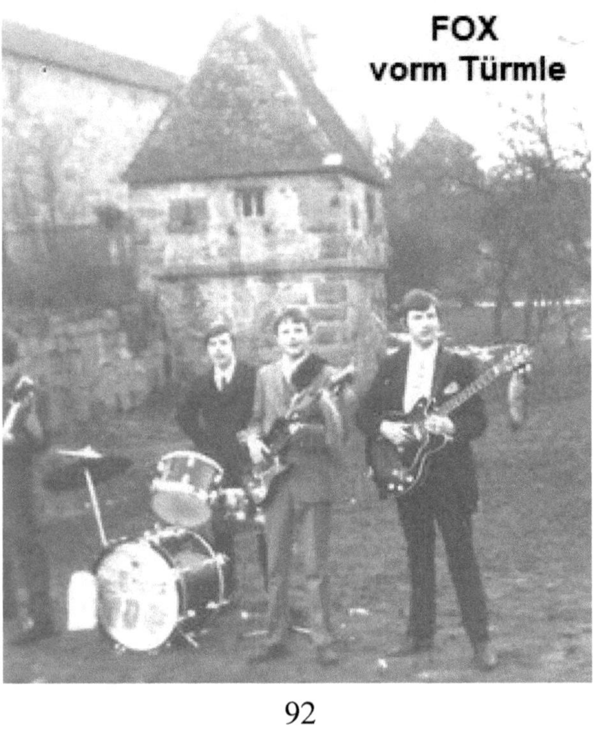

Diese politische Jugendgruppe, die mit uns den Raum teilte löste sich bald auf und so hatten wir das Türmle für uns alleine. Wir waren halt jung und feierten natürlich dort nebenbei unzählige Partys. Sehr oft besuchten uns dort andere Jugendliche, die uns voller Inbrunst beim Proben zuhörten.

Damals war eine Beatgruppe noch etwas Besonderes. Man war als Musiker schlichtweg „in“.

In Rothenburg gab es zu jener Zeit zwei Jugendherbergen. Die „Alte“ und die „Neue“! Es sprach sich bei den Rothenburger Jungs blitzschnell herum, wenn in einer dieser Herbergen ein Bus mit jungen Schulmädchen vorfuhr, die in das mittelalterliche Rothenburg ihre Klassenfahrt unternahmen. Unser Schlachtruf in diesem Fall: „Auf in die Juchhee!“ (Juchhee = Ableitung von Jugendherberge.)

Da wir wussten, dass diese Mädchen etwa nach 18 Uhr mit dem Abendessen fertig waren und anschließend ihren freien Abend hatten, lauerten wir Jungs vor den Ausgängen dieser Herbergen, warteten, bis die Mädchen herauskamen und sprachen sie forsch an. Damals kam es noch gut an, wenn man in einer Band spielte, und so lockten wir mit dem Satz:

„Wollt ihr einmal einer Band bei der Probe zuschauen?“ viele Mädels in unser geliebtes Türmchen. Unser „Reich“ war nicht groß, aber gemütlich. Im etwa 25 qm großen Innenraum befanden sich eine abgegriffene Zweieinhalbsitzer-Stoffcouch, ein kleiner Tisch und zwei alte Holzstühle. In einer Ecke war ein Holzofen, den wir im Winter immer erst kräftig einheizen mussten, bevor wir unsere Instrumente anfassen oder uns mit den Mädchen unterhalten konnten.

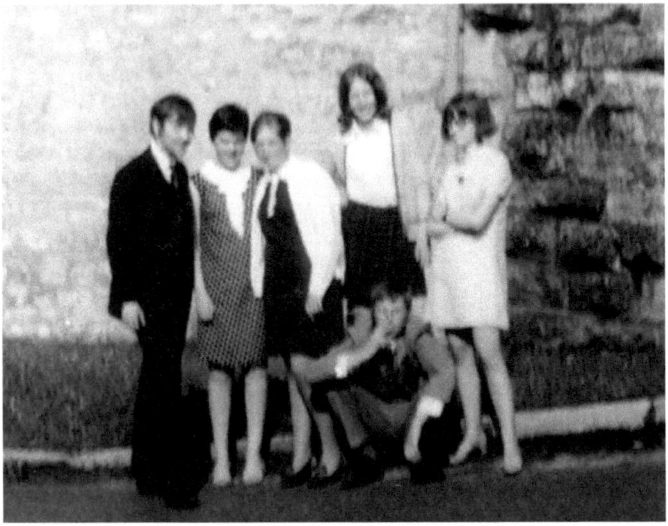

Gruppenfoto von einem „Mädchen-Aufriss“ an der neuen„Juchhee“ (links Toni, sitzend Hubert)

Bei einer solchen Gelegenheit lernte ich auch Gaby kennen, die wegen eines Schulausfluges in der Jugendherberge war. Sie fiel mir sofort auf, war sehr hübsch und hatte lange blonde Haare. Wir waren uns sofort sympathisch. Nach zwei Tagen, in denen wir uns immer abends trafen, fiel der Abschied schwer. Jedoch musste sie wieder mit ihren Schulkameradinnen heimreisen. Wir blieben in telefonischem Kontakt und schrieben uns wöchentlich Briefe. Ich versprach ihr, sie in Unna zu besuchen. Leider war es mir, aus Zeitgründen und wegen mangelndem Reiskosten-Budged, monatelang nicht möglich. Irgendwann sendete sie mir als letzte Aufforderung die Schallplatte „Oh wann kommst Du?“ von Daliah Lavi.

Ich schlachtete daraufhin mein Sparschwein, lieh mir vom Vater ein paar Groschen und fuhr mit dem Zug nach Unna.

Gaby wohnte bei Ihren Eltern, die sehr nett, jedoch schon etwas älter und recht konservativ waren. Ich durfte im Erdgeschoß auf der Wohnzimmercouch übernachten. Meine Freundin und ihre Eltern schliefen im 1. Stock. Wo sich ihr Zimmer befand habe ich mir genau gemerkt und wollte, wenn es dunkel war, die Treppen hinauf in Gabys Schlafraum schleichen. Aber daraus wurde leider nichts. Da die Holztreppe schon uralt war, knarzte die erste Stufe schon so laut, dass ich es nicht mehr wagte, die anderen Stufen zu betreten. Frustriert schlief ich dann alleine auf der harten Couch. Nach zwei schönen Tagen in Unna ohne weiter Vorkommnisse fuhr ich zurück nach Hause. Wir schrieben uns wieder fleißig Briefe und telefonierten miteinander. Zu Silvester durfte mich Gaby dann besuchen. Zum Glück hatte ich in Rothenburg ein eigenes Zimmer, das etwas abgetrennt von der übrigen Wohnung meiner Eltern war. Da konnten wir nun tun, was wir nicht lassen konnten. Äh, ich meine, wir hätten es tun können, wenn sie nicht ausgerechnet an diesen Tagen ihren Besuch in „Rot-henburg" ned so wörtlich genommen hätte. Naja, wir hatten an diesen Tagen auch so viel Spaß und feierten ausgelassen mit den Kumpels in unserem Übungstürmchen an der Stadtmauer.

Mein Vater, der einer der Gründungsmitglieder des Rothenburger Aero-Clubs war, flog Sportmaschinen am Flugplatz am Bauerngraben bei Schweinsdorf.

Später besaß er dann auch zusammen mit zwei Aeroclub-Mitgliedskollegen eine eigene Maschine, eine Jodel Ambassadeur, ein Tiefdecker-Sportflugzeug. Mich hat er oft bei seinen Flügen über Rothenburg und Umgebung mitgenommen. Auch mit den clubeigenen Maschinen Piper Colt und Cessna 172. Darauf war ich jedes Mal sehr stolz. Mit 10 -13 Jahren war ich fast täglich mit ihm am Flugplatz und ließ dort viele selbstgebaute Flugzeugmodelle starten. Ich gründete mit den anderen Kindern am Flugplatz kurzfristig sogar einen „Kleinen Aero Club“.

Ich erinnere mich noch an den 1. Januar 1969. Seit zwei Tagen war Gaby schon bei mir in Rothenburg. Und weil sie da war, lud mein Vater auch sie zu einem Rundflug über das verschneite Rothenburg ein. Da ich schon oft mitgeflogen bin und die Maschine nur zwei Passagiere mitnehmen konnte, so ließ ich noch Hubert mitfliegen und schaute vom Boden aus zu und machte diese Aufnahmen:

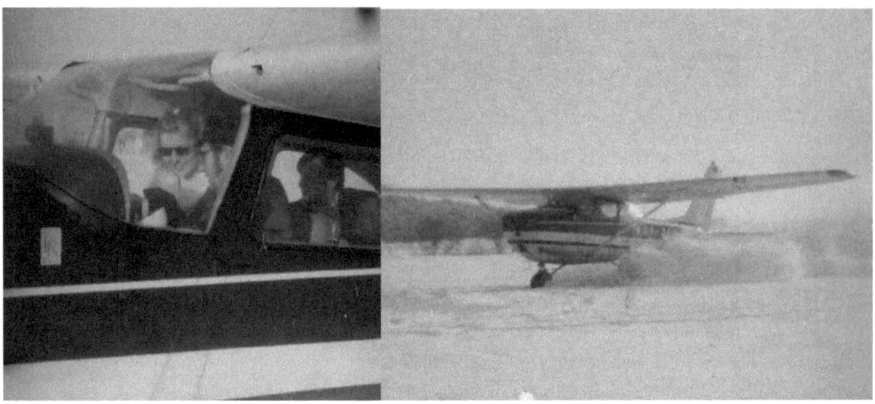

Fotos vom Start mit der Maschine
des Aero-Clubs Rothenburg, einer Cessna 172

Auf der Startbahn lagen etwa zehn Zentimeter Schnee. Die Maschine stand am Beginn der Landebahn bereit zum Start. Der Tower gab Startfreigabe, der Motor dröhnte auf und das Flugzeug begann zu rollen. Ich bemerkte sofort, dass etwas beim Startvorgang nicht stimmte. Die Maschine rollte und rollte, hinter ihr eine dichte Schneewolke, hob aber nicht ab.

Ich wusste genau, wenn sie am Ende der Rollbahn nicht abhob, rast sie ein paar Sekunden später in einen Graben auf einem dahinter liegenden Feld und überschlägt sich. Entsetzt verfolgte ich den weiteren Startvorgang. In der letzten Sekunde auf den letzten zehn Metern der Rollbahn hob die Maschine endlich ab! Noch einmal gut gegangen. Mein Vater sagte damals, dass er wegen des hohen Schnees auf der Startbahn mit dem Fahrwerk der Maschine Schwierigkeiten bekam und dass er zitternd einen Moment lang selber nicht glaubte, dass er es noch schaffte, das Fluggerät hochzuziehen. Aber er hatte ja bereits als ehemaliger Kampfflieger im zweiten Weltkrieg oft Nerven bewahren müssen.

Irgendwann war dann mit Gaby Schluss. Ich war halt noch jung und Unna war mir auf die Dauer zu weit weg. Ich lernte daraufhin ein Mädchen aus der Umgebung von Rothenburg kennen, mit der ich dann sechs Jahre lang zusammen war.

Kapitel: Der Brief

Da unser Bassist Heinz mit der Zeit immer weniger Interesse am Proben zeigte, suchten wir einen neuen Bassisten und fanden diesen mit Norbert Martin. Sein Spitzname war „Märtl". Er war sofort Feuer und Flamme, bei uns mitzumachen und kaufte sich den legendären Beatles-Bass der Marke Höfner, dasselbe Modell, das auch Paul McCartney spielte.

Ich erinnere mich an einen Übungstag im Türmle, als wir an der Türe komische Geräusche bemerkten. Wir dachten uns nichts dabei, da uns des Öfteren musikinteressierte Jugendliche belauschten und wir auch mehrmals Besucher im Türmle hatten. Oder es befanden sich Zuhörer auf der Stadtmauer im Bereich neben dem Türmle, wo ein nahegelegener Aufgang war. Als wir mit der Bandprobe fertig waren, schalteten wir die Anlage ab und wollten heimgehen. Beim Öffnen der Türe bemerkten wir, wie zwei junge Frauen auf der begehbaren Stadtmauer, ein paar Meter neben unserem Türmle, davonrannten. An unserer Türe hing ein Brief. Damals konnte man leider noch keine Adressen googeln, somit hatten wir vielleicht eine große Chance verspielt, mit diesen Damen Kontakt aufzunehmen, die vermutlich etwas mit der professionellen Musikszene zu tun.

hatten. Damals, sowie heutzutage nach so langer Zeit habe ich erfolglos versucht etwas über diese beiden Damen herauszufinden. Vielleicht kann zufällig ein Leser oder eine Leserin weiterhelfen?

Hier das Originalschreiben:

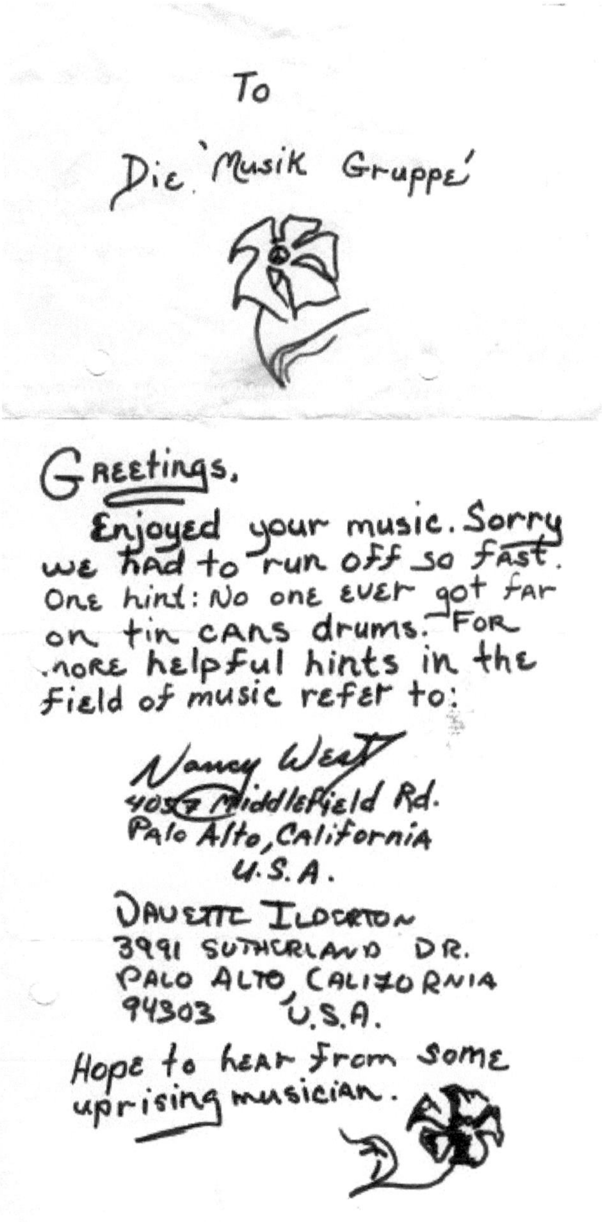

To

Die 'Musik Gruppe'

Greetings,

Enjoyed your music. Sorry we had to run off so fast. One hint: No one ever got far on tin cans drums. For more helpful hints in the field of music refer to:

Nancy West
4057 Middlefield Rd.
Palo Alto, California
U.S.A.

DAVETTE ILDERTON
3991 SUTHERLAND DR.
PALO ALTO, CALIFORNIA
94303 U.S.A.

Hope to hear from some uprising musician.

Kapitel: Das neue Jahr - 1969

Zum Jahreswechsel 68/69 kamen (u.a.) folgende Titel auf den Musikmarkt:

Der Schmachtfetzen „Eloise“ von Barry Ryan, Adamo hauchte „Es geht eine Träne auf Reisen“. (Sangen meine Kollegen später immer, als ich vom Siemens-Großraumbüro in Würzburg zu meinen Kunden in den Außendienst ging).

Bubble-Gum-Music war in jener Zeit große Mode. Ohio Express sangen dazu ihr „YummyYummy“ und die Equals ihr „Softly Softly“, die Archies ihr „Sugar Sugar“, „Pinch me“, „Down at Lulus“, „Chewy Chewy“, Mercy Mercy“ und „Sweeter than sugar“. Die 1910 Fruitgum Company sang ihr „Simon says“, und „Indian Giver“, die Gruppe Crazy Elefants sangen „Gimme gimme good lovin´“, was wir natürlich auch alles, so gut es ging, nachspielten. Außerdem brachten die Beatles gerade „Hey Jude“ auf den Markt und Steppenwolf sangen „Born to be wild“, was im Kinofilm „Easy Rider“ mit Peter Fonda und Dennis Hopper gespielt wurde, als diese über die Route 66 mit ihren Harleys brausten.

Zu dieser Zeit feierten wir Silvester mit unseren Freunden und Freundinnen im Türmchen. Im alten Holzofen knisterte das mitgebrachte Brennholz. Darüber kochten wir einen großen Topf voller Spaghetti und viel Tomatensoße. Im Laufe des Abends wurde es sehr laut und lustig dank verschiedener Alkoholikas wie Erdbeersekt, Danziger Goldwasser (ein würziger klarer Likör, in dem Blattgoldplättchen schweben), Pfefferminzlikör und „Hopfentee“ von der Reichelshöfer Brauerei. Es gab in dieser Nacht viele „Übergebungen“ auf dem Gelände vor dem Probenraum. Am Ende der Veranstaltung wurden die Büsche und Bäume mit den übriggebliebenen Nudeln sehr dekorativ geschmückt, damit die Vögel im Winter auch etwas zum Knabbern hatten.

Obwohl es jetzt viele vermuten möchten und das Kiffen in dieser Zeit „in“ war, hatten wir niemals andere Drogen wie Zigaretten und Alkohol im Türmchen zu uns genommen. Wahrscheinlich weil mein Vater bei der Polizei war, wurde es mir auch nie angeboten. Trotzdem klopfte es des Öfteren während den Proben an der Türe unseres Probenraumes zwei Polizisten, baten höflich um Einlass und schnüffelten in den Raum. Sie merkten aber immer sofort, dass unsere einzige und schlimmste Droge die Beatmusik war. Bei der Polizei angezeigt hatten uns regelmäßig die Bewohner, welche im nahen Rödertor wohnten. Scheinbar hat unsere Musik nicht allen gefallen. Wir werden doch nicht zu laut gewesen sein?

Auch wurden uns zweimal während wir probten von außen Fensterscheiben mit einem Stein eingeworfen. Leider erwischten wir die Übeltäter nicht und wissen bis heute nicht, wer das war und warum dies jemand tat.

Kapitel: Der Schaller

Wir probten bis in die ersten Januartage viel in unserem Türmchen. Leider hatten wir Anfangs keine zufriedenstellende Anlage, über die wir spielen konnten. Wir benutzten immer noch Röhrenradios und einen kleinen 20-Watt Dynacord-Verstärker. Deshalb entschlossen uns im Januar 1969, trotz unserer geringen Lehrlingslöhne, zum Musik-Müller zu pilgern, um uns etwas Besseres zu besorgen. Im Laden in der oberen Schmiedgasse stand er. Unser Traum. Ein Koffermischverstärker mit der Bezeichnung „SCHALLER KV 50“. Sauschwer, 40 kg! Aber mit Schrägsteller und mit Rollen. Wir waren sofort überzeugt - dieses Teil müssen wir haben!

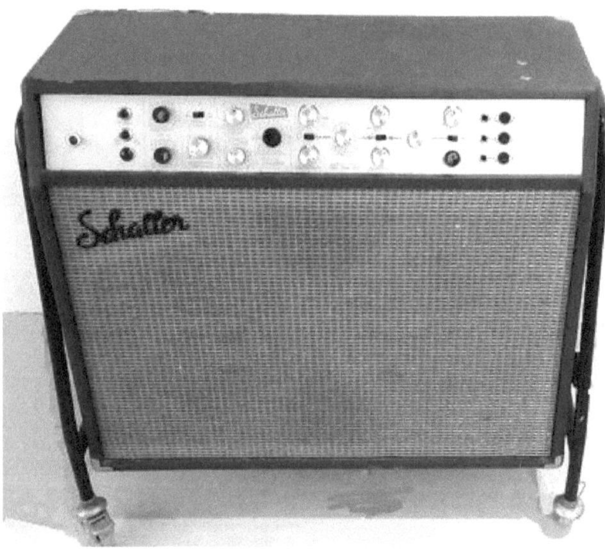

Etwas verstört waren wir wegen den Ziffern auf dem Preisschild. Dort stand „1600,- DM“. Herr Musik-Müller schaute uns fragend an und meinte:

„Wie wollt ihr Buben diese hohe Summe zusammenkratzen?“

Er wusste, dass wir als Lehrlinge mit lediglich ein paar Mark im Monat auskommen mussten. Schüchtern fragte ich nach:

„Herr Müller, wären Sie mit einer monatlichen Ratenzahlung einverstanden?“

Der Musikalienhändler war darüber zwar nicht sehr erfreut, andernfalls war er wohl froh, das sperrige Stück los zu werden, und so ließ er sich auf den Deal ein. Jedoch nur, wenn ein Erziehungsberechtigter als Bürge unterschreibt. Oh jeh, dachte ich, wenn das mein Vater erfährt, dass wir uns so ein teures Gerät angeschafft haben, flippt er aus. Ich musste diesen Kauf also geheim halten. Genauso wenig hocherfreut wären die Eltern von Hubert und die Mutter vom Ernst gewesen, wenn sie von diesem Handel erfahren hätten. Am Ende war die Tante vom Märtl bereit, ihre Unterschrift unter den Vertrag zu setzen. Wir hatten nun endlich einen vernünftigen Verstärker. Naja, wir mussten nun alle Geräte, also zwei E-Gitarren, einen E-Bass und drei Mikrophone in den Verstärker einstöpseln. Dementsprechend vermischt war natürlich der Klang, der aus den beiden 12-Zöller Lautsprechern herauskam. Aber für die damalige Zeit, wo die Kids noch nicht so anspruchsvoll waren wie heutzutage, war der Klang völlig in Ordnung. Wir waren ja keine Profiband.

Mein Vater war als Stadtpolizist in der Kleinstadt Rothenburg sehr bekannt. Märtls Tante kannte er nicht sehr gut. Aber wie der Teufel es wollte, als mein Vater Dienstschluss hatte und heimwärts ging, sah ihn Märtels Tante in der Herrngasse. Freudestrahlend ging sie auf meinen Vater zu und sagte ihm:

„Herr Schwarz, Herr Schwarz, ist es nicht schön, die Bubele haben sich endlich einen Verstärker gekauft!“

Als ich am späten Nachmittag von meiner Lehrstelle heimkam, erwartete mich mein Vater schon mit hochrotem Kopf in meinem Zimmer. Dann schrie er mich an! So wie damals hatte ich ihn nie mehr schreien gehört. Wie wir als Lehrlinge so ein teures Gerät kaufen könnten und ob wir nicht alle „Latten am Zaun“ hätten und ob wir überhaupt wissen, was wir da angestellt haben… Seine Stimme überschlug sich mehrmals. Ich musste mir beide Ohren zuhalten, damit nicht mein Trommelfell beschädigt wurde. Denn nicht nur der Schlagzeuger braucht diese „Felle“, sondern auch ich als Gitarrist und Sänger. Ich senkte vorsichtshalber reumütig den Kopf und nickte zu allem, was er so schrie. Als er sich nach einer halben Stunde wieder etwas beruhigt hatte, ging er aus meinem Zimmer. Ich schlich mich ins Türmchen, wo unser neuer Verstärker auf mich und meine Höfner-Gitarre wartete und mich tröstete. Einen Song von den Rolling Stones trällernd kam ich auf andere Gedanken:

I'm free, to do what I want, any old time
I'm fre,e to do what I want, any old time.
So love me, hold me,
Love me, hold me,
but I'm free, any old time, to get what I want!

(Ungefähre sinngemäße Übersetzung:
Ich bin frei und kann jederzeit tun was ich will.
Liebe mich, halte mich,
aber ich bin frei und kann tun was ich möchte!)

In der Zeit, als wir dieses „heiße“ Gerät erworben hatten, brachte die Gruppe Tommy James and the Shondells gerade ihren Song „Crimson and Clover“ heraus. Es war der im Gesang wie auch im Gitarrensound ganz spezielle Tremoloklang, der uns so faszinierte. Da wir mit dem Tremolo im Schaller-Verstärker eines der besten Tremolos zu der Zeit hatten, haben wir natürlich dieses Lied nachgespielt. Dieser Song war damals eines unserer Glanzstücke im Repertoire und es kam auch bei unserem Publikum gut an.

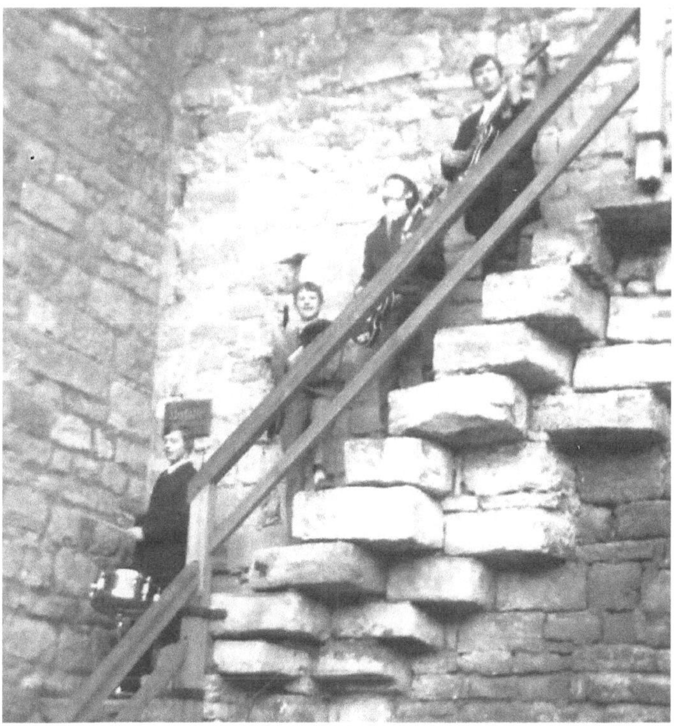

Kapitel: Der Halsbruch

Damals hatte ich als Lehrling noch nicht das Geld, um mir öfters eine neue Gitarre leisten zu können. So war meine Einzige die 1969 erworbene, halbakkustische Höfner Gitarre in Farbe „sunburst". Voller Stolz und recht sorgsam trug ich sie damals in einem dunkelroten „Gigbag" aus Kunstleder jeden Übungstag von der Herrngasse in unser Übungstürmchen. Nach den Proben ließ ich das Instrument natürlich nicht in dem klammen Türmchen stehen, sondern trug es, ebenfalls wieder sorgfältig verpackt, mit nach Hause. Oft nahm ich mein geliebtes Instrument auch daheim aus der roten Schutztasche, setzte mich an den Bettrand und spielte. Danach legte ich die Gitarre oft behutsam, aber ohne Hülle auf mein Bett bevor ich fortging. Eines Tages, ich nachmittags hei, hatte mich meine Mutter schon sehnsüchtig erwartet. Mit Tränen in den Augen öffnete sie mir die Wohnungstüre und beichtete mir, dass etwas Furchtbares passiert sei. Sie hatte beim Bettenmachen meine Gitarre weglegen wollen, hatte diese ungeschickterweise am Hals festgehalten und ist mitsamt dem Instrument in der Hand über den Vorlegeteppich gestolpert. Meiner Mutter ist dabei glücklicherweise nichts passiert. Doch die Gitarre bekam bei diesem Stolperer die Bettkante zu spüren. Ergebnis: Halsbruch! Nun war auch ich den Tränen nahe. Mein Baby lag mit dem Oberkörper im Bett, der Hals daneben, gehalten von einem Wirrwarr an Saiten. Die Bruchstelle zerfranst. Für mich war das damals der reinste Horror, ein Alptraum, der Weltuntergang!

Mein Vater brachte die Bruchstücke nun zu einem Rothenburger Schreiner, der den Unfall sehr gut wieder reparieren konnte. Bereits eine Woche später hielt ich dann mein zweitbestes Stück wieder in meinen Händen. Außer einer kleinen Narbe an der Bruchstelle gab es keine weiteren Komplikationen in Klang und Handhabung.

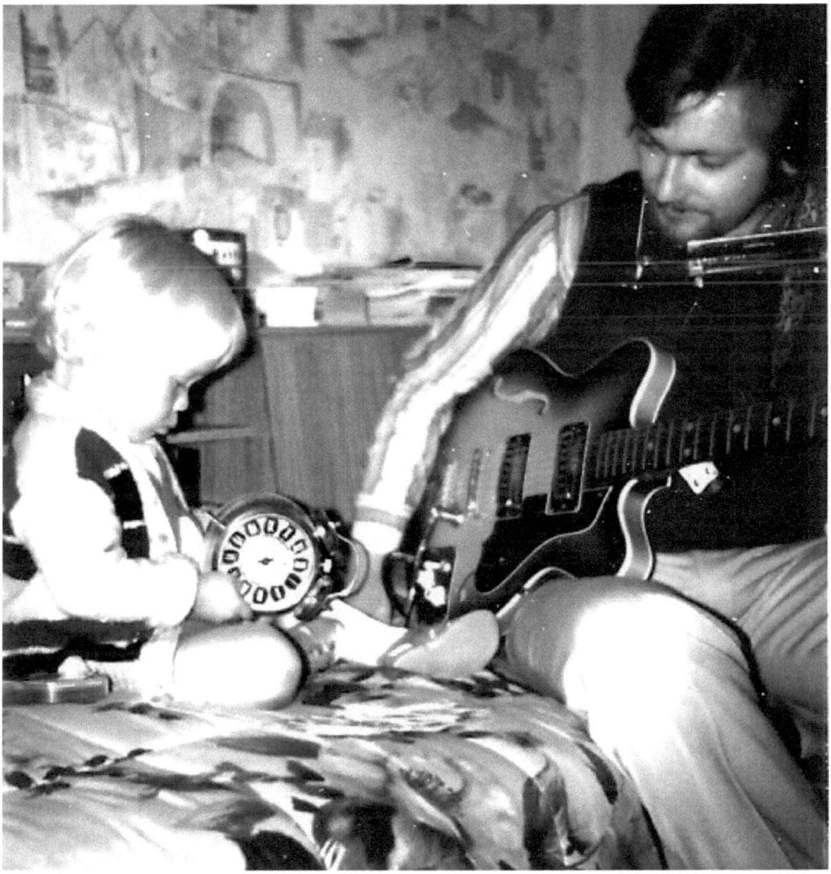

Neffe Olaf und Toni mit seiner geliebten Höfner-Gitarre

Kapitel: Weitere Auftritte in 1969

Nun stürzten wir uns wieder in Unkosten und ließen uns von einer Rothenburger Druckerei DIN-A 3 Plakate drucken. Einfaches rotes Papier, auf dem in großen Buchstaben „FOX PARTY“ stand und dann weitere Zeilen, wo wir handschriftlich Datum, Ort und sonstiges eintragen konnten.

Nachdem wir den neuen Verstärker bei zwei privaten Partys ausprobieren konnten, wurden wir am 8. Februar 1969 vom Vespa-Club für eine Faschingsveranstaltung im Gasthof Linde für eine Gage von 100 DM engagiert. Wir gaben von 20 Uhr bis nachts um halb zwei musikalisch unser Bestes. Die Tanzfläche war immer voll, die Leute sehr zufrieden und wir waren selig.

Schon am nächsten Tag, am 9. Februar 1969, spielten wir wieder zusammen mit den TpInTs und den Resonance in der alten Jugendherberge bei einem Jugendtanznachmittag des Kreisjugendringes auf.

Faschingszeit war angesagt, und so arrangierten wir bereits am 15. Februar 1969 eine eigene Veranstaltung im Gasthof „Schwanen“ in der oberen Schmiedgasse. Es entstanden uns durch Gema-Gebühren, Steuern an die Stadt und sonstigem hatten wir ca. 30 DM an Auslagen. Wir verlangten an diesem Nachmittag ein Eintrittsgeld von 1,50 DM. Es kamen rund 30 Jugendliche.

Nach einer Stunde Spielzeit gab unser neuer Schaller-Verstärker plötzlich keinen Ton mehr von sich. Was tun? Die Jugendlichen, die ja Eintritt bezahlt hatten, schauten uns erwartungsvoll an. Hubert und ich rannten die Schmiedgasse hinunter, um eventuell bei Musik-Müller auf die Schnelle Ersatz für unser defektes Gerät zu bekommen. Aber es war Samstag und auch noch Spätnachmittag. Herr Müller tat einen Teufel, wegen uns das Geschäft zu öffnen. Er stellte sich tot. Dennoch hatten wir Glück. Da Ernst als Elektrolehrling etwas von Elektrik verstand, fand er den Fehler inzwischen sehr schnell. Eine kalte Lötstelle am Netzteileingang! Diesen Fehler reparierte er rasch und mittels eines Lötkolbens, den er schnell von zuhause besorgte und so konnten wir für den Rest des Nachmittags zu aller Zufriedenheit weiterspielen. Am Ende verkauften wir bei den anwesenden Jugendlichen von uns zwei mitgebrachte und nicht mehr benötigte Langspielplatten der Beatles und den Beach Boys, damit wir ein wenig mehr Einnahmen hatten. Der Reingewinn von etwa 30 Mark reichte, dass wir uns abends im Lokal je eine Portion Bratwürscht mit Sauerkraut und Salzkartoffeln und ein Gläschen Bier leisten konnten.

Schon zwei Tage später, Rosenmontag am 17. Februar 1969 waren wir vom Rothenburger Tischtennisclub engagiert und spielten wiederum im Gasthof zum Schwan. Unsere Gage war diesmal 50,- DM.

Inzwischen war unser Repertoire stetig angewachsen. Ich erinnere mich an Titel wie „Jumping Jack Flash“ von den Rolling Stones, „Days“ von den Kinks, „Bad moon rising“ und „Proud Mary“ von Creedence Clearwater Revival, „Wild Thing“ und „Love is all around“ von den Troggs, „Hello, I love you“ von den Doors, „Mighty Quinn“ und „My name is Jack“ von Manfred Mann, „Do it again“ von den Beach

Boys, „New York Mining Desaster“ und „Massachussetts“ von den BeeGees, „Obladi Oblada“ von den Beatles.

Natürlich spielten wir auch ein paar Bubble-Gum-Hits wie „Yummi Yummi“ und „Venus“ von Shocking Blue und viele Titel mehr. Außerdem hatten wir mindestens zehn eigene, von mir geschriebene Titel in unserem Programm.

Am 15. Juni 1969 veranstaltete der Kreisjugendring im Hospiz wieder eine Nachmittags-Tanzveranstaltung für Jugendliche. Wir spielten dort zusammen mit einer Hanauer Beatgruppe. „Mighty Quinn“ von Manfred Mann war da der „Renner“!

Zwischen den Probennachmittagen gingen wir unserem weiteren Steckenpferd nach. Wir luden die Mädels von den „Juchhees“ in unser Türmchen ein. Immer öfters hörte man in diesem Raum aus dem Plattenspieler den inzwischen erschienenen Titel „Je taime“, gestöhnt von Jane Birkin und Serge Gainsbourg:

Je t'aime, je t'aime
Oh oui, je t'aime
Moi non plus
Oh, mon amour…

(Übersetze ich jetzt einmal nicht!)

Kapitel: Zelten

Ich weiß nicht mehr, wer von uns auf die Schnapsidee kam, an einem Wochenende im Juni zu zelten. Schwer bepackt fuhren Hubert, Ernstl, Märtl und ich mit unseren „Drahteseln" auf der Taubertalstraße Richtung Creglingen. Ich hatte als einziger natürlich keine Gangschaltung am Rad und so schwitzte ich wie ein Gaul, als ich die schwierige Strecke den anderen hinterherfuhr. Leider hatte keiner von uns die Wettervorhersage beachtet, was sich später als großer Fehler herausstellen sollte. In Creglingen angekommen, suchten wir uns einen schönen Ort aus, wo wir unser Zelt aufbauen konnten. Natürlich musste es ein Platz nahe der Tauber sein. Ernstl sollte die zum Zeltaufbau benötigten und noch fehlende Häringe besorgen. Leider hatte er dies in Rothenburg falsch verstanden, was schallendes Gelächter auslöste. Notdürftig bastelten wir Stöckchen um das Zelt verankern zu können. Nachdem wir mit Mühe und Not unser Nachtlager aufgebaut hatten, brieten wir am Lagerfeuer unsere mitgebrachten Würstchen, machten die von Ernst besorgte Dose „Häringe" auf und tranken das inzwischen warm gewordene Dosenbier und die noch von Silvester übriggebliebenen Fläschchen Pfefferminzlikör und Danziger Goldwasser. Ernstl versuchte sich mit „Heart of Stone" von den Rolling Stones auf der mitgebrachten Wandergitarre und wir jaulten zusammen aus Ermangelung des englischen Textes einen selbstgebastelten „frängglischen" (fränkisch/englischen) Text dazu. Nach dem Erzählen unzähliger Witzchen und Horrorgeschichten ging der Abend zu Ende. Es kam ein Wind auf und am Himmel brauten sich dunkle Wolken zusammen, was wir vor Müdigkeit und vom Alkohol beeinflusst nicht mehr so recht bemerkten. So legten wir uns im Zelt auf die Luftmatratzen und nickten alle ein.

Ein gewaltiger Donnerschlag riss uns plötzlich aus unseren Träumen. Regen prasselte wie aus Eimern auf das Zeltdach. Schlimmer noch, im Zelt stand das Wasser schon über unseren Luftmatratzen und drohte noch weiter zu steigen. So nahe an das Ufer der Tauber hätten wir unsere Behausung nicht aufstellen sollen! Im prasselnden Regen und bei heftigem Blitz- und Donnerschlag versetzten wir unser Zelt in die Mitte der Wiese. Danach versuchten wir drinnen im Zelt und vor Kälte schlotternd unsere Kleidung notdürftig zu trocknen. Am nächsten Morgen radelten wir mit einer leichten Erkältung im Gepäck nach Hause. Diesen Ausflug werden wir unser Leben lang nicht vergessen.

Kapitel: Die Mondlandung

Die Älteren unter uns werden sich garantiert noch an den 20./21. Juli 1969 erinnern. Man schätzt, dass in dieser Nacht etwa 500 bis 600 Millionen Leute gespannt vor den TV-Geräten saßen. Nein, nicht wegen unserer Beatgruppe!

Es war der Termin für die erste Mondlandung der Amerikaner mit der Apollo-11 Raumfähre. Auch vier unbekannte Musiker in einem Türmchen in einer mittelfränkischen Kleinstadt hatten sich ein altes Schwarz/Weiß-Gerät ohne Rückwand organisiert, dieses in ihren Probenraum gestellt, sich bequem auf die alte Couch gelümmelt und gebannt auf die Mattscheibe gestarrt. Vorsichtshalber wurde ein Wecker gestellt, sodass der angekündigte Zeitpunkt zum Ausstieg aus der Weltraumkapsel nicht verpasst wurde. Natürlich schliefen alle ein, bis sie harsch von dem Wecker aus den Träumen gerissen wurden.

Ernstl wollte mit der Faust auf den Wecker hauen, langte aber aus Versehen in die offene Rückwand des Fernsehers und sprang piepsend, elektrisiert vom Schlag getroffen, hoch. Zum Glück ist ihm weiter nichts passiert. Lachend und mit müden Augen verfolgten wir daraufhin den Ausstieg aus der Mondkapsel.

Kapitel: Weitere Auftritte

Am 2. August 1969 spielten wir zusammen im Wechsel mit einer „gemäßigten“ Tanzkapelle beim Vespa Club-Tanzballabend im Gasthof „Zum Bären“. Nach etwa einer halben Stunde mussten wir aufhören, da der Wirt Angst um seinen Tanzboden im 1. Stock des Gebäudes hatte, welches damals schon etwas baufällig war. Durch das Beat-Gehopse, wie er meinte, könnten größere Schäden am Gebälk des Bodens entstehen. Wahrscheinlich aber hatte er etwas gegen Beatmusik, denn die Tanzkapelle nach uns hinterließ mindestens genauso viel „Gehopse“ bei den Tanzenden. Frustriert packten wir unsere Instrumente wieder ein. Wir erhielten aber trotzdem vom Vespa Club unsere Gage von immerhin 100 D-Mark.

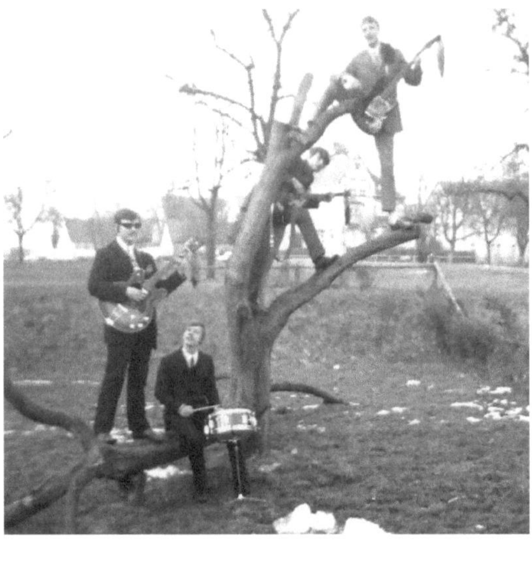

Ich erinnere mich nicht mehr so genau, warum und wie wir zu einem Auftritt im Bad Windsheimer Stadion kamen. Doch im Oktober bauten wir auf der dortigen Aschenbahn unser

Equipment auf und spielten vor einigen Leuten. Da man uns recht weit hören konnte, kamen aus der Stadt immer mehr Neugierige und setzten sich auf die Tribüne. Obwohl es schon etwas kälter wurde und uns fast die Finger einfroren, machte es uns wie auch den Zuhörern einen riesigen Spaß.

Am 26. Oktober veranstalteten wir in der alten Jugendherberge im Spitalhof eine eigene Jugendtanzparty. Dazu bastelte ich eine Lichtorgel aus einem alten Fernsehgehäuse, in das ich vier Lampenfassungen installierte, vier bunte Farbfolien davor klebte und die Lampen mittels einer Schaltwalze, die ich aus einer defekten Waschmaschine ausbaute verschieden aufblinken ließ. Außerdem hatten wir an der Decke des Saales ein Netz montiert in dem wir hundert bunte aufgeblasene Luftballons füllten, die während des Spielens auf die Tanzfläche fielen. In der damaligen Zeit waren das Effekte, mit denen man noch glücklich und zufrieden war.

Nach Einnahmen durch Eintritt und Getränkeverkauf hatten wir immerhin nach Abzug der Unkosten 150 D-Mark übrig. Das war für uns damals sehr viel Geld. Als Lehrlinge bekamen wir nicht, wie heute der Fall, hunderte Euros, sondern lediglich zwischen 30 D-Mark im ersten, bis höchstens 200 D-Mark im letzten Lehrjahr.

Kapitel: Bandwettbewerb

Wieder einmal wurden wir sehr mutig. Im Oktober hatte ich unsere Band für die „Mittefränkische Meisterschaft für Beat-, Soul-, Jazz-, Folklore-, Tanzmusikgruppen und Solisten“ angemeldet, die am Samstag, 6. Dezember 1969, im Nürnberger Messehaus von 18:00 – 24:00 Uhr stattfand.

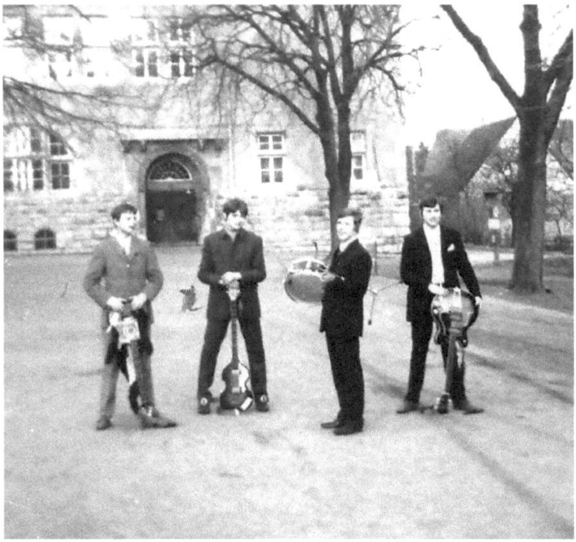

Es sollte für uns als Band der krönende Abschluss für das Jahr 1969 werden.

Es wurde dann leider, anders als wir es uns erhofften, unsere letzte Aktion. Wir fuhren gut gelaunt zu viert und dichtgedrängt in einem alten VW Käfer Richtung Nürnberg. Ein leichter Schneeregen zwang uns, langsam zu fahren. Da Ernst wieder einmal mit seiner Föhn-Frisur etwas lange gebraucht hatte, waren wir zu spät abgefahren und kamen erst gegen 15 Uhr an Nürnbergs Stadtgrenze an. Im Schreiben, das wir vom Veranstalter bekommen hatten hieß es, dass ein

Vertreter der Band pünktlich zur Vorbesprechung um 16 Uhr dort sein muss. Leider kannte sich keiner von uns Provinzlern in Nürnberg aus. Wir hatten uns auch nicht genügend informiert, wo das Messehaus steht und waren der Ansicht, wir könnten uns in Nürnberg schon durchfragen. Da wir ein Rothenburger Nummernschild (ROT) auf dem Auto hatten machten sich die Nürnberger, die wir fragten, scheinbar einen Spaß daraus, uns immer wieder in falsche Richtungen zu schicken. Es wurde 15:30 Uhr und wir wurden langsam etwas nervös. Wir hielten in einer Straße in der Nähe des Plärrers an um Passanten nach dem Weg zum Messehaus zu fragen. Endlich schien uns eine freundliche Nürnbergerin den richtigen Weg zu zeigen. Doch als wir in die alte Karre einstiegen und Hubert den Zündschlüssel umdrehte, hörten wir vom Motorraum her nur noch ein spöttisches Gerassel. Nun saßen wir also in Nürnberg, in einem kaputten Wagen, es wurde dunkel und es regnete leicht.

Zum Glück hatte Ernst eine verheiratete Schwester in Nürnberg. Ernstls Schwager hat uns an diesem Abend gerettet, uns abgeholt und uns Unterschlupf seiner Wohnung gewährt.

Vielleicht war es auch ein Glück, dass wir den Termin im Messehaus verpassten. Die Veranstaltung wäre zwar eine Riesengaudi geworden, aber ich vermute, wir wären mit unserem damaligen Können wahrscheinlich sang und klanglos untergegangen oder verspottet worden. Doch damals waren wir stinksauer, dass wir es nicht in die Messehalle geschafft hatten. Wochen später haben wir schon herzhaft darüber gelacht.

STADT NÜRNBERG

JUGENDAMT

Stadt Nürnberg · Jugendamt · 8500 Nürnberg 2 · Abholfach

An die für die
"Mittelfränkische Meisterschaft '69"
angemeldeten
Beat-, Soul-, Jazz-, Folklore-,
Tanzmusikgruppen und Solisten

Ihre Zeichen	Ihre Nachricht vom	Unsere Zeichen	Fernruf	Nürnberg, Theresienstraße 7
				24.11.1969

Betrifft: Anmeldung 'Fox'

Sehr geehrter Herr Schwarz!

Sie sind für die "Mittelfränkische Meisterschaft" vorgemerkt und können daran – ~~nicht~~ – teilnehmen.

Wir bitten die Wettbewerbsgruppen und -teilnehmer folgendes zu beachten:

1. Termin des Wettbewerbs:
   Samstag, 6. Dez. 1969, in Nürnberg, Messehaus, 18.00 – 24.00 Uhr
2. Termin Vorbesprechung:
   Samstag, 6. Dez. 1969, in Nürnberg, Messehaus, bereits 16.00 Uhr
   Es können nur Musikgruppen teilnehmen, von denen 1 Vertreter (nur einer!) pünktlich um 16.00 Uhr zur notwendigen Vorbesprechung kommt; auch alle Sänger bzw. Solisten müssen zu dieser Besprechung erscheinen.
3. Kontroll- und Ehrenkarten:
   Alle Mitwirkenden bekommen eine Kontrollkarte und eine kostenlose Ehrenkarte – nicht mehr! Diese Karten werden bei der Vorbesprechung ausgegeben, alle Wettbewerbsteilnehmer und ihre Gäste können das Messehaus nach der Öffnung um 17.00 Uhr nur betreten oder verlassen, wenn sie die Kontrollkarte bzw. Ehrenkarte bei sich haben.
4. Übertragungsanlage, Verstärker, Mikrofone, Lautsprecher
   werden bereitgestellt. Einführung in die technische Handhabung erfolgt bei der Vorbesprechung. Schlagzeug und andere Instrumente sind mitzubringen!
5. Fahrtkostenerstattung
   Sie erfolgt nach der Vorbesprechung an den von den Musikgruppen beauftragten Vertreter und – soweit notwendig – von 20.30 – 21.00 Uhr nach einer entsprechenden Durchsage.

-15609-

Girokonto: Stadtsparkasse Nr. 2029 · Postscheckamt Nürnberg Nr. 303 91 · Fernschreiben: Stadt Nürnberg Nr. 06 22 503

– 1 –

Die Silvesterparty 1969 im Türmchen war die letzte Möglichkeit für uns, in unserer gewohnten Besetzung Musik zu machen. Wir wurden nacheinander zur Bundeswehr eingezogen.

Bei der Bemusterung wurde ich gefragt, in welche Einheit ich den gerne wolle. Ich gab an, dass mein Vater im Weltkrieg bei der Luftwaffe war, mein Bruder vor ein paar Jahren in Rot bei Nürnberg ebenfalls bei der Luftwaffe war und ich daher auch gerne zur Luftwaffe gehen wollte. Die Männer der Prüfungskommission nickten zustimmend mit den Köpfen.

Ein paar Wochen später kam mein Einberufungsbescheid – zum Heer!

Mit den Einberufungen war „FOX“ für immer gestorben.

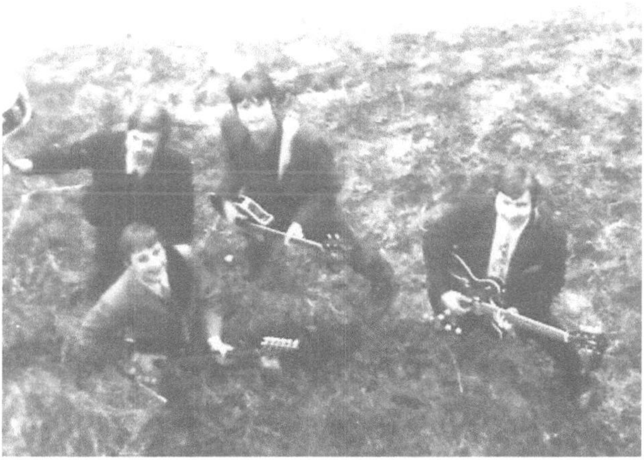

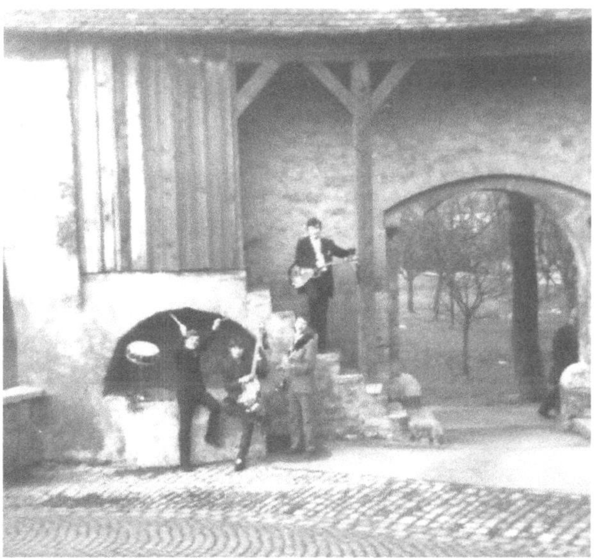

Kapitel: Mobilität

Als ein Volkswagen noch ein Volkswagen war! (Quelle: Bravo):

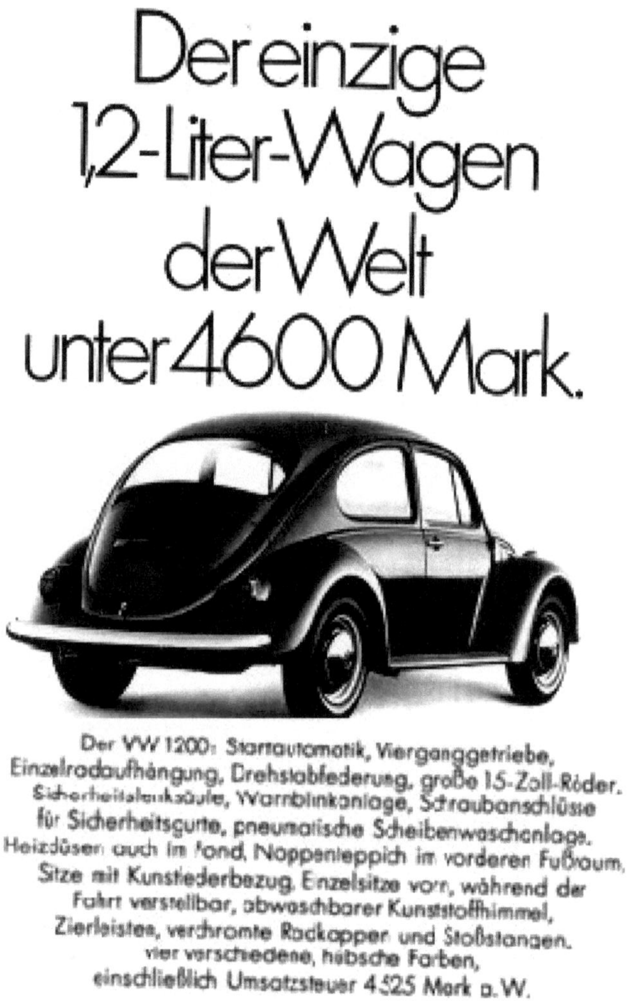

Etwas irritiert starre ich auf die Aussage: „Einzelsitze vorn, während der Fahrt verstellbar…“

Es gibt Dinge oder Ereignisse im Leben, die sich fest in die Gehirnwindungen einbrennen und an die man ewig denkt. Zum Beispiel der erste Schultag, der erste Kuss, die erste Freundin, das erste Mal, der erste Liebeskummer, die erste Gitarre. Und natürlich - das erste Auto. Damals war der erste fahrbare Untersatz wie ein Tor in die Freiheit, als wäre man vorher in einem engen Raum eingesperrt gewesen. Nun ist man endlich unabhängig und mobil! Ein relativ günstiger Neuwagen, zum Beispiel ein Opel Kadett A, kostete in den 60er Jahren um die 6000 DM. Zum Vergleich: Heute im Jahr 2021 bekommt man ein in der Größe vergleichbares Modell des Opel Corsa ab etwa 12.000 Euro, also umgerechnet etwa für 24.000 D-Mark. Als Führerscheinneuling sich ein neues Auto zu kaufen, scheiterte damals wie auch oft heute am nötigen Kleingeld. Höchstens man hatte betuchte Eltern, die Ihrem Teenie einen schicken neuen BMW 1600 Cabriolet für 12.000 DM kaufen konnten. Die Hippies standen damals wie heute auf den VW Bulli, den man als Wohnmobil ausbauen und damit auf Weltreise gehen konnte. Aber leider war ich nicht in der glücklichen Lage, mir ein Vermögen ersparen zu können, um mir überhaupt irgendeinen Neuwagen leisten zu können, sei er noch so günstig.

So kaufte ich mir von meinem ersparten Lehrlingslohn für 700 DM einen 14 Jahre alten, gebrauchten Käfer. Ein schwarzes Cabrio mit dunkelbraunem Stoffverdeck, das man nach jedem Auf- und Zuklappen wieder mit einer speziellen Verdeckfarbe streichen musste, da diese immer wieder abblätterte. An verschiedenen Stellen an den Seiten des Daches zeigten sich immer mehr Risse, aus denen so etwas wie Stroh herausguckte. Noch schlimmer war, dass ich erst nach drei Tagen bemerkte, dass der Motor einen Defekt hatte. Er verlor laufend Öl und klopfte stark. Es musste ein Austauschmotor beim Rothenburger VW-Werkstatt Breitschwert für über 300 DM eingebaut werden. Doch mit all seinen Macken und mit seinen nur 30 PS habe ich das Auto geliebt und sehr viel mit ihm erlebt. Damals ist man als Jugendlicher auch einmal angetrunken von der Disco heimgefahren. Wenn man beim Fahren doppelt sah, hatte man halt ein Auge zugekniffen. Das war sehr gefährlich, aber bei mir saß der Schutzengel meist mit dabei. Oder hatte ich einfach nur Glück?

Obwohl der Wagen nicht groß war, habe ich trotzdem einige große Sachen mit diesem transportiert. Auf dem Lande war es üblich (und ist es vielleicht auch heute noch), dass man im Mai seiner Geliebten einen mit bunten Bändern geschmückten Birkenbaum vor das Haus stellt. Zu diesem Zweck hatte ich ein wundervoll gewachsenes Exemplar in einem Nachbarsgarten im Auge. Ein Kumpel und ich hüpften mit einer Säge ausgestattet nachts über einen Gartenzaun und begannen langsam am Stamm des Bäumchens zu sägen. Damit hatten wir aber den Schäferhund vom Besitzer des Gartens aufgeweckt, der plötzlich laut kläffend auf uns zurannte. In letzter Sekunde gelang es uns, den Stamm abzusägen. Wir rannten um unser Leben, warfen den Baum über den Zaun und schwangen unsere Körper hinüber.

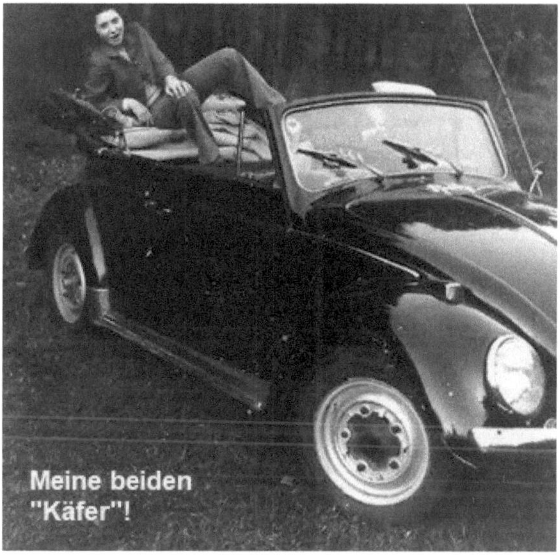

Der Baum war schnell mit den mitgebrachten bunten Weihnachts-Geschenk-Bändchen geschmückt. Leider passte der 3,5 Meter hohe Baum nicht ins Auto. So hielt mein Kumpel im Wagen sitzend, mit offenem Verdeck und das Fenster heruntergekurbelt, den Baum außerhalb der Beifahrertüre fest, während ich langsam und vorsichtig in Richtung Wohnsitz meiner Freundin lenkte. Und so fuhren wir in Richtung Schweinsdorf zum Bauernhof, wo meine damalige Freundin wohnte. Am Geländer des Hauseinganges des Hofes banden wir den Baum fest. Dann hupten wir kurz und fuhren davon.

Zu Weihnachten hatte ich aus einem nahegelegenen Wäldchen einen wunderschönen Tannenbaum organisiert und auf gleiche Weise mit dem Käfer nach Hause transportiert. Natürlich sagte ich meinem Vater nicht, dass der Baum selbstgesägt war.

Irgendwann an einem Sonntag bemerkte mein Vater während des gemeinsamen familiären Mittagessens:

„Habt ihr schon in der Zeitung gelesen? Ein paar Jugendliche sollen ein volles 30 Liter-Brauhaus-Bierfass mit Rothenburger Festbier vom Pfingstfeldlager gemopst haben!“ Mir fielen vor Schreck die Spaghetti aus dem Mund.

Drei Tage vorher hatten Hubert, Ernst und ich nämlich einen Tipp von einem Kumpel der im Brauhaus arbeitete bekommen, dass unter den zehn vermeintlich geleerten 30-Liter Bierfässchen eines noch nicht geöffnet war. Die Fässchen standen etwas abseits vom Feldlager des Rothenburger Pfingstfestes und sollten erst am darauffolgenden Morgen abgeholt werden. Spät abends, als es schon dunkel war, rollten wir heimlich zu dritt das Fässchen in ein nahes blickdichtes Gebüsch. Am nächsten Tag, als der Festplatz aufgeräumt und von den Akteuren verlassen war, schauten wir, ob sie das Fässchen gefunden hätten. Zu unserer Freude lag es noch im Gebüsch. Wir warteten ab, bis es dämmerte. Dann luden wir es in ein kleines Leiterwägelchen und hievten es in meinen Käfer. Am Samstagabend feierten wir dann auf einer Wiese außerhalb von Rothenburg eine ausgelassene Party, solange, bis das Bier zu Ende war und wir im Gras bis zum nächsten Morgen schliefen.

An einem regnerischen Sonntagabend fuhr ich mit dem Käfer zurück in die Kaserne nach Donauwörth, wo ich als Wehrpflichtiger Unteroffiziersanwärter stationiert war. Eine Woche vorher hatte ich in einer VW-Werkstatt Sommerreifen montieren lassen. Ich hatte noch etwa 10 km bis zur Kaserne, als ich merkte, dass meine Augenlider immer schwerer wurden. Plötzlich, als ich kurz die Augen zum Sekundenschlaf schloss, schreckte ich von einem Rumpeln auf. Ich war sofort hellwach. Es rumpelte immer stärker und das Lenkrad ratterte und vibrierte stark unter meinen Händen. Ich bremste das Fahrzeug vorsichtig ab. Als der Wagen endlich stand vernahm ich nur noch ein dumpfes Klacken und der Wagen senkte sich vorne auf seine linke Seite. Ich war äußerst erstaunt, weil dieser Käfer so etwas bisher noch nie gemacht hatte. Als ich aus dem Wagen ausstieg um nachzusehen, schüttete es in Strömen. Ich traute meinen Augen kaum, was ich dann sah. Das linke Vorderrad lag neben der Befestigung neben der Vorderachse abgeklappt da. Alle fünf Felgenschrauben waren weg. Ich fror bei dem Sturzregen und überlegte fieberhaft, was ich nun tun sollte. Zuerst sicherte ich meinen Wagen mit einem Warndreieck, das ich einige Meter hinter das Fahrzeug auf die Straße stellte. Dann entfernte ich mit einem Kreuzschlüssel von jeder der drei verbliebenen Reifen eine Schraube und befestigte das abgeklappte Rad wieder mit diesen drei Schrauben. So konnte ich nach einer Stunde völlig verdreckt und durchnässt, aber glücklich, dass ich es geschafft und überlebt hatte, die restliche Fahrt in die Unterkunft fortsetzen. In dieser Nacht schlief ich wie ein Murmeltier. Ich hatte den Wagen ein paar Tage vorher zum Reifenwechsel in der Werkstatt. Wahrscheinlich hatte ein Monteur die Schrauben nicht richtig festgezogen, was ich aber nicht beweisen konnte. Ich war nur froh, dass nichts weiter passiert war.

So schön das Auto war, so hatte es doch seine Macken. Das Röhrenradio fraß viel Batteriesaft, sodass ich immer versuchte, vorsichtshalber an einem Hang zu parken. Naja, wenn man ein Mädchen im Auto hatte, wollte man ja auch ein wenig Musik hören. Dazu muss ich erklären, dass man damals als Jugendlicher das Auto oft als Zimmerersatz nutzen musste, damit die Eltern von unseren „Spielchen“ nichts mitbekamen. Im Winter war es im Fahrzeug trotz mitgenommener Decken auf den Rücksitzen immer sehr kalt. Dabei entstand bei diversen Aktivitäten im Wagen wohl manche Nierenbeckenentzündung.

Ein schlimmer Unfall Anfang 1977 mit meinem kleinen Sportwagen hätte mir fast das Leben gekostet.

Es geschah an einem Samstag auf der Heimfahrt von der Diskothek „Anyway“ in Leutershausen. Diese Disco war damals ein angesagter Tanzschuppen und ein beliebter Treff der Jugendlichen aus der mittelfränkischen Region. Peter, der dort bediente, eröffnete später ein Gasthaus und lud zur Eröffnungsfeier die bekannte Münchner Jazz- und Dixilandband „Hot Dogs“ in den Biergarten ein, die hier ihre Erfolgstitel wie „Schaug hie, do schwimmt a doder Fisch im Wasser…“, „Die Moritat vom Hintertupfer Beni“ oder „Die alt´n Rittersleut“ und viele Titel mehr.

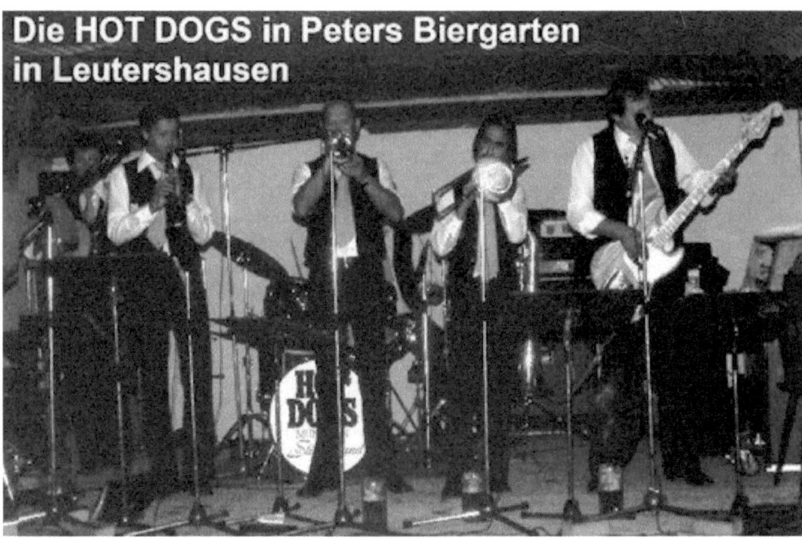

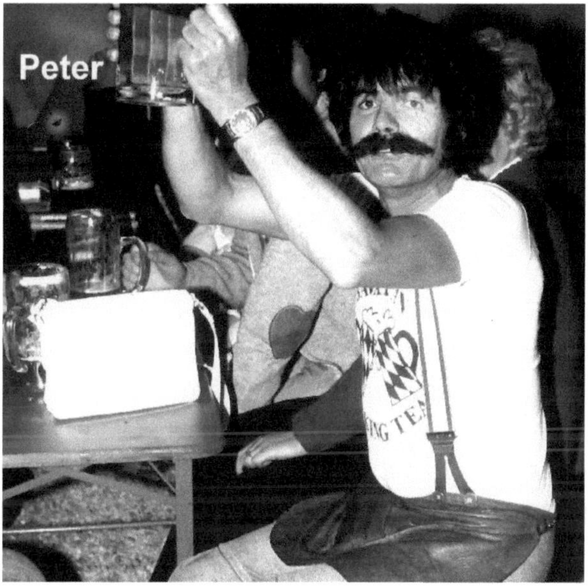

Im Frühjahr 1977 traf ich mich nach Feierabend mit meiner damaligen Freundin Ingrid, die in diesem Ort wohnte, im „Anyway“. Ich war vom Tagesgeschehen müde und so trank ich in der Disko nur zwei Tassen Kaffee und eine Cola. Bald sehnte ich mich nach meinem Bett in Rothenburg. Um ca. 1 Uhr nachts trat ich mit meinem X1/9, einem Fiat Bertone Targa, den Heimweg an. Auf der geschotterten, fast geraden, Strecke von Leutershausen nach Colmberg fuhr ich sehr schnell. Ich erinnere mich, dass der Tacho ca. 140 Stundenkilometer anzeigte. Diese Strecke bin ich vorher schon etliche Mal gefahren und kannte fast jeden Stein. Es hatte vorher geregnet und die Straße war nass. Dann kam diese leichte Rechtskurve. Mein Gefährt, ein Wagen mit Mittelmotor, war sehr Aquaplaning-Empfindlich. Auf einer Pfütze dieser Kurve fuhr der Wagen plötzlich geradeaus und raste auf den Graben und einem Baum zu. Ich sah mich im Geiste schon auf dem Baum über einem Ast hängen. Der Wagen blieb mit der vorderen linken Seite im Graben hängen, überschlug sich und knallte mit den Rädern auf den Ackerboden auf. Ein dumpfer Knall und plötzlich war alles dunkel um mich herum. Das Ganze geschah im Bruchteil einer Sekunde. Ich saß etwa eine Minute benommen im Wagen, spürte jedoch keine Schmerzen. Ich begriff in diesem Moment nicht richtig, dass ich ein wahnsinniges Glück hatte. Der einzige Gedanke, der mir durch den Kopf ging war der: „Hoffentlich ist nicht so viel am Wagen defekt!“ Ich muss anmerken, dass der Wagen noch keine Automatik-Sicherheitsgurte hatte, weswegen ich die damals Serienmäßigen Gurte fast nie anlegte, da man sie je nach Kleidung oft anders einstellen musste. Deshalb hatte ich Glück, dass ich nicht herausgeschleudert wurde.

Nachdem ich eine Weile geschockt dasaß, bemerkte ich, dass das Hardtop über mir fehlte. Es ist beim Überschlag des Wagens abgerissen und landete ein paar Meter weiter, wo ich es später erst wiederfand. Der Überrollbügel hinter meinem Kopf rettete mir vermutlich das Leben. Mir wurde langsam bewusst, was geschehen war. Mit der Taschenlampe ging ich um den Wagen, um den Schaden zu begutachten. Inzwischen trafen ein paar Helfer ein, die dann mittels fünf! Abschleppseilen mithalfen, den Wagen aus dem Acker zu ziehen. Das Wrack war noch fahrbereit. Nur einer der Klappscheinwerfer war defekt. Ich fuhr zur Fiat-Werkstatt nach Rothenburg, stellte die Havarie dort ab und lief die etwa 800 Meter nach Hause in die Herrngasse.

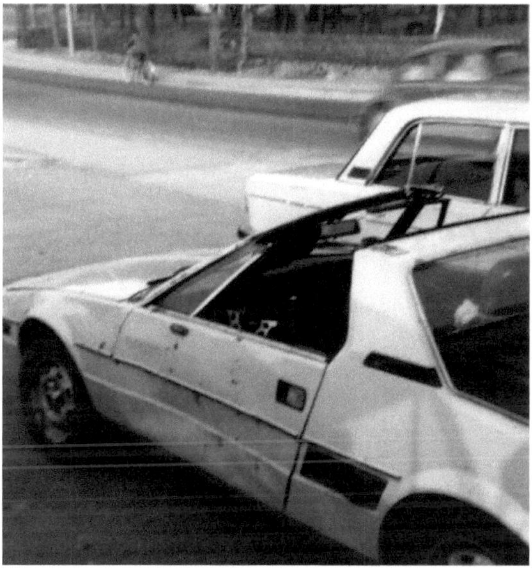

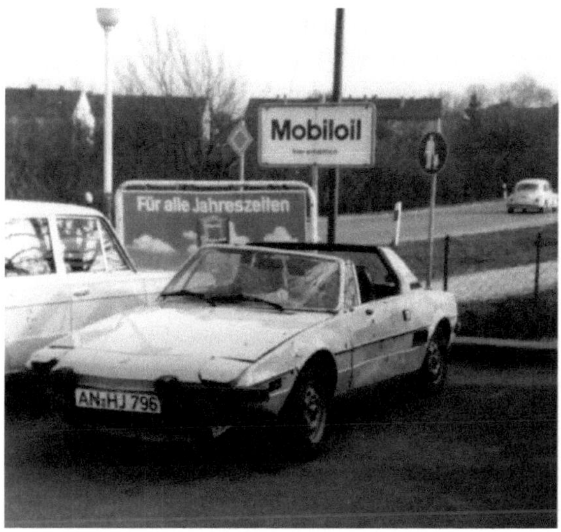

Mein geschrotteter (gelber) Bertone Fiat X1/9 auf dem Parkplatz der Fiat Werkstatt

Daheim im Bett bekam ich plötzlich starke Schmerzen am linken Bein und auf der Brust. Ich habe noch versucht den Unfall, beim Frühstück zu vertuschen, um mein Gesicht nicht zu verlieren, da ich in meiner Familie doch als Raser galt. Meine Mutter bemerkte aber sofort, dass ich Schmerzen hatte und so gestand ich mein Missgeschick. Mit den Worten:

„Bub, du gehst jetzt sofort zum Arzt!"

schickte sie mich sofort zum Dr. Fechler, der bei mir schwere Prellungen und einen Bruch des Brustbeines feststellte. Es tat besonders schlimm weh beim Husten und beim Lachen, was ich zwei Wochen lang nach Möglichkeit vermied.

Dabei hatte ich riesiges Glück im Unglück und konnte meine Wiedergeburt feiern. Der X1/9 hatte nur noch Schrottwert. Der Neupreis des Fiats war damals 13.390, - DM. Ein Opel-Händler kaufte mir das Unglücksfahrzeug für 4000,- DM ab. Bedingung war, dass ich bei ihm einen neuen Opel kaufte. So kam ich zu einem „Opel Manta B", in der damaligen Modefarbe signalorange. Der schönere „Manta A" oder der „Opel GT" hätten mir bedeutend besser gefallen. Diese beiden Typen gab es zu diesem Zeitpunkt aber leider nicht mehr als Neuwagen. Der erstandene Manta war mit 75 PS eine lahme Familienkutsche. Ein Vierteljahr später, als ich damit übers Land fuhr, sah ich zufällig beim Vorbeifahren bei einem Auto-Händler in Schönbronn, einem kleinen Dorf zwischen Rothenburg und Leutershausen, einen metallicgrünen Bertone-Fiat X1/9 stehen. Ich legte eine Vollbremsung hin, stieg aus und betrachtete sehnsüchtig den Wagen. Wie sich dann bei einem Gespräch mit dem Händler herausstellte war dieser heilfroh, wenn er diesen Wagen endlich losbekommt. Da schlug ich ihm folgenden Deal vor: „Wir tauschen einfach beide Autos!“ Der Händler war sofort hellauf begeistert, dass er für den auf dem Lande schwer verkäuflichen Sportwagen einen „ordentlichen“ Wagen erhält.

So kam ich wieder zu meinem geliebten Targa-Sportwagen.

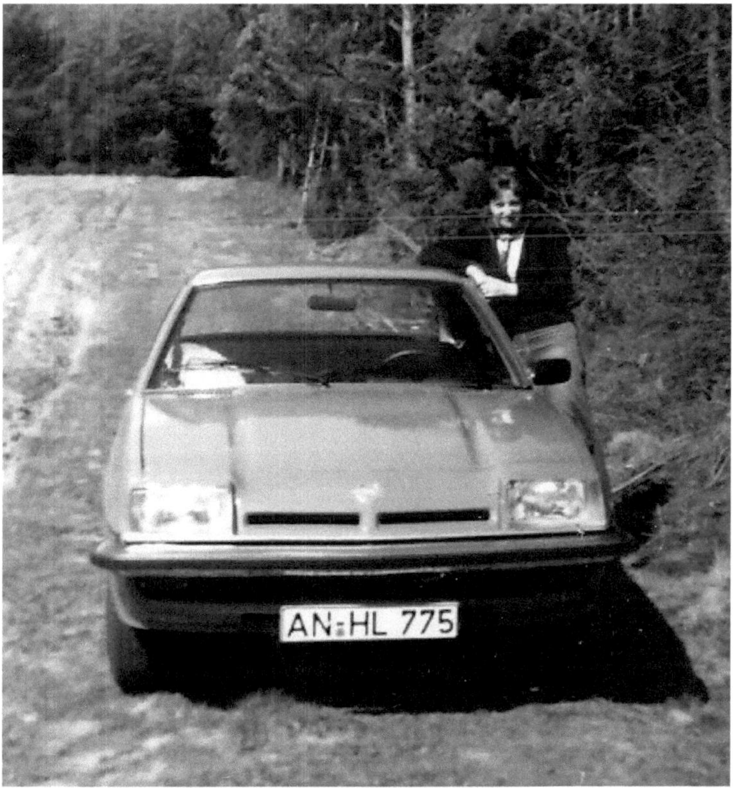

Opel Manta B (orange)

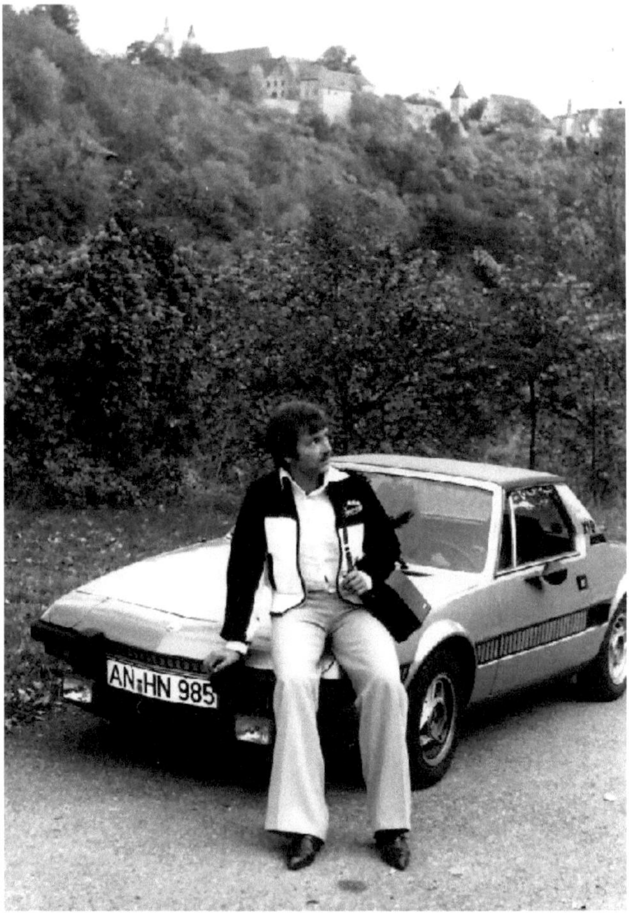

Mein zweiter (metallic-grüner) X1/9

Epilog - Einmal Rampensau, immer Rampensau!

Der „Fox“ war tot. Jedoch die Musik für mich nie, auch wenn ich sie zeitweise ein klein wenig vernachlässigte.

Es wird uns Linkshändern nachgesagt, dass wir besonders kreativ seien. In meinen „musikarmen“ Zeiten habe ich viel ausprobiert: Seidenmalerei, Öl und Acrylmalerei, Tiffany-Leuchten basteln, Garten anlegen und vieles mehr.

Dennoch war es für mich immer schlimm, wenn ich nicht musikalisch aktiv sein konnte.

Nach meinem Elektrotechnikstudium in Würzburg war ich bei Siemens Elektro-Installationstechnik für den Bezirk „nördliches Unterfranken“, im Außendienst tätig.

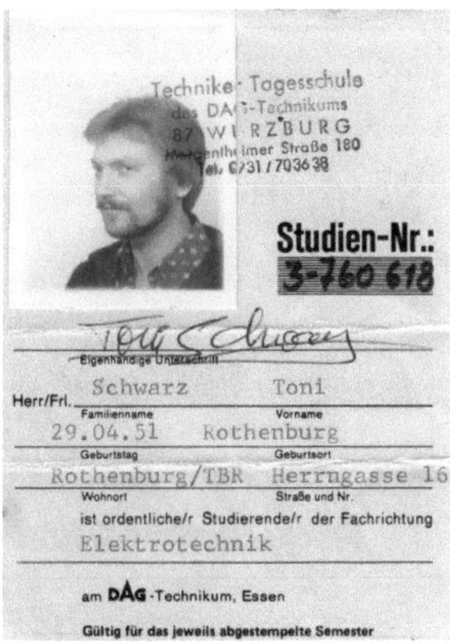

Mein Studienausweis

Dabei machte ich gerne bei den Betriebsfesten, an runden Geburtstagen oder Jubiläen von Kollegen Musik und Albereien, oft zusammen mit meinem Arbeitskollegen Georg. Es ergaben sich während des Arbeitsjahres immer wieder lustige Begebenheiten, die man für Gags verwenden konnte (auf gut Deutsch, ich machte mich auch einmal gerne zum „Affen“, wenn ich nur auftreten konnte.).

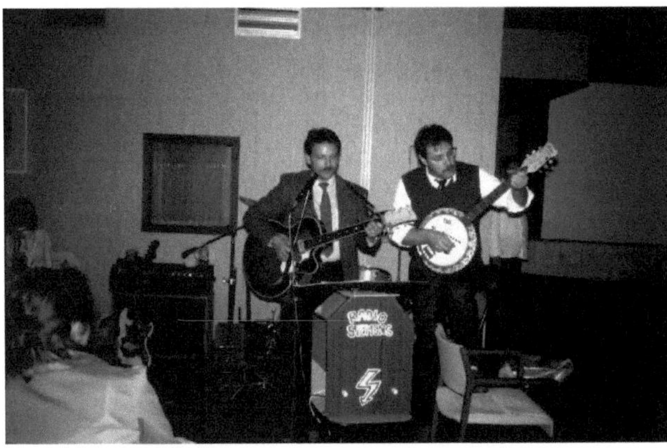

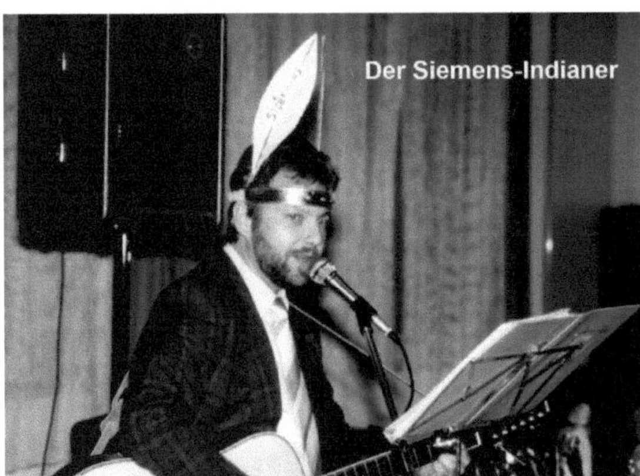

Gags auf Siemens Betriebsfeiern

Um abzuschalten oder auszuspannen verzog ich mich regelmäßig in den Keller unseres Reihenhauses in Würzburg und „klampfte“ auf meiner zwölfsaitigen Ibanez, träumend von den längst vergangenen Jugendjahren.

1993 bekam ich von einem Musikerkumpel der ehemaligen Band Resonance eine Einladung zur Oldie-Night nach Rothenburg, wo ein paar Rothenburger Bands aus den 60ern auftraten. Ich fuhr hin und traf dort meine einstigen Bandkollegen Hubert und Märtl, der mit seiner Frau, die als Sängerin dabei in einer anderen Band, dort auftraten. Der Abend schürte in mir das Verlangen, selbst wieder in einer Band zu spielen. So fragte ich Hubert vorsichtig, was er wohl davon halten würde. Dabei erfuhr ich, dass Ernst, unser alter Schlagzeuger, schon seit ewiger Zeit als Diskjokey in Tonis Keller-Diskothek in der Herrngasse in Rothenburg auflegte und scheinbar kein Interesse mehr am Live-Musizieren hatte. Da war es wohl gut, dass Hubert schon seit einiger Zeit Schlagzeug spielte, jedoch momentan in keiner Band war.

1995 spielten wir dann zusammen bei der Oldie-Night mit Sologitarren-Unterstützung von Günter Weber (dieser war in den 60ern Bassist bei einer der ersten Beatgruppen in Rothenburg, den Earls) und Märtl als Bassisten unter dem alten Namen „Revolutions“. Vorher probten wir fleißig an sieben Wochenenden in Neusitz im Keller des Hauses von Märtl.

Für mich fühlte es sich herrlich an, nach so langer Zeit wieder einmal auftreten zu dürfen. Ich hatte mich wochenlang darauf gefreut. Doch da passierte es. Am Morgen vor dem Auftritt bemerkte ich plötzlich, dass meine Stimme weg war. Zu der Zeit herrschte eine Erkältungswelle. Irgendwo hatte ich mich scheinbar angesteckt. Ich war verzweifelt!

Ausgerechnet an diesem Tag versagten meine Stimmbänder. Ich habe alles versucht. Bin sogar in eine Apotheke und fragte den Apotheker, was er mir empfehlen könnte. Er sagte mir lächelnd ins Gesicht:

„Dann singen sie halt ein wenig leiser!“

Ich hätte ihn auf der Stelle erwürgen können. Bis zum Abend schluckte ich außer Drogen alles, was mir nach meiner Meinung helfen könnte. Abends vor dem Auftritt verspürte ich eine winzige Besserung und betete, dass meine Stimme die zehn geplanten Songs durchhält.

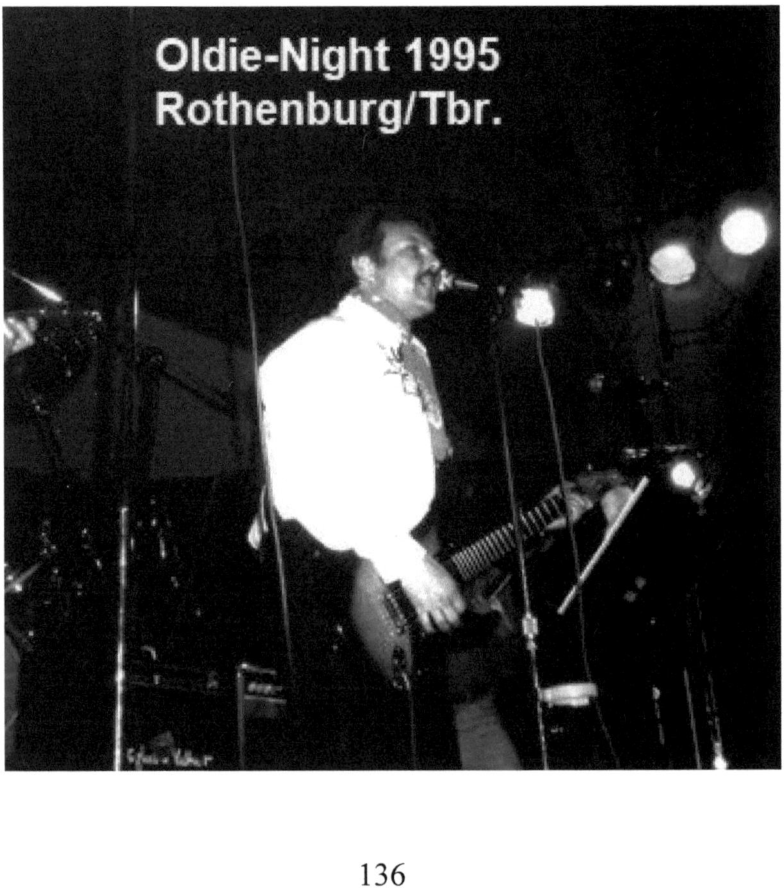

Mittels kaltem Hopfenblütentee und viel Anstrengung bekam ich das Singen dann doch noch einigermaßen hin. Wir spielten Songs wie „Cadillac“ von den Renegades, „My friend Jack“ von den Smoke und „Yummi Yummi“ von Ohio Express und ähnliche Titel. Beim Applaus am Ende unseres Auftrittes war ich heilfroh, dass ich es den Umständen entsprechend doch recht gut hinbekommen hatte. Darauf war ich auch ein wenig stolz.

In den folgenden Monaten kamen dann noch Uli und dessen Nachbar Roland als Bassist dazu und so waren wir als Band wieder komplett.

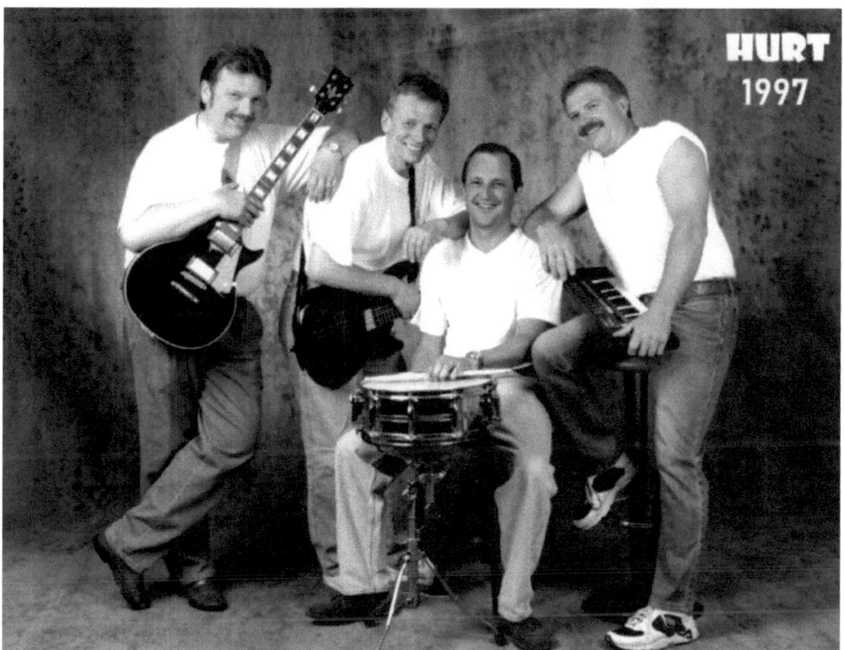

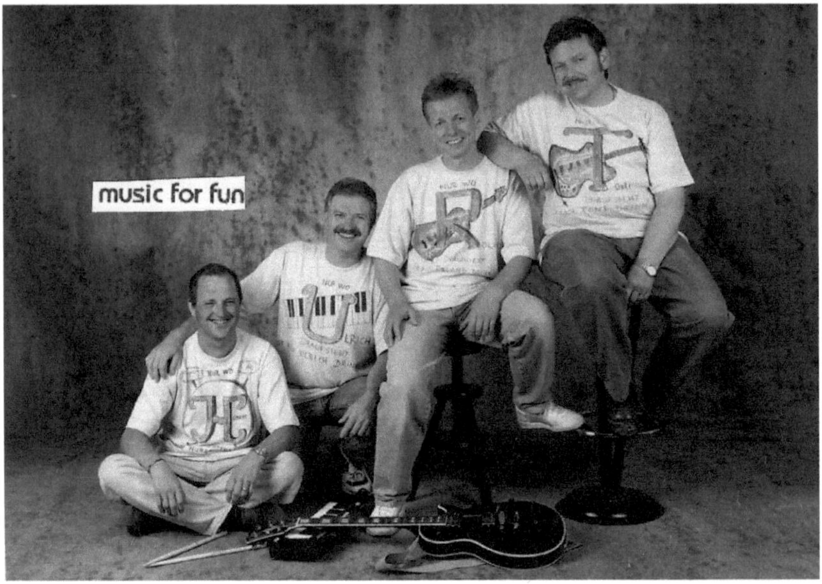

Als Bandnamen wählten wir H.U.R.T. - eine Abkürzung von Hubert, Uli, Roland, Toni.

Ab diesem Zeitpunkt fuhr ich fast jeden Freitagabend ca. 60 km zur Bandprobe von Würzburg Heidingsfeld nach Neusitz, wo wir uns bei Uli im Keller einen Probenraum einrichteten. Wir probten meist bis 24 Uhr, dann fuhr ich nachts wieder heim.

Im September 1997 folgte der erste öffentliche Auftritt bei den Rothenburger Reichsstadt-Festtagen. Eigentlich war es ein Historien-Fest, an dem Touristen mittelalterliche Bräuche vorgeführt wurden. Also zum Beispiel mittelalterliche Handwerkskünste und mittelalterliche Gesangsdarbietungen mit sogenannten „Lumpenliedle“ wie „Mei Huat, der hat drei Eck´n…“ oder „Ja mir Zuckerrübn-Bauern haltn zamm, wall mir Zuckerrübn-Bauern halt sou sann…“. Wobei das natürlich auch nicht gerade mittelalterliche Weisen waren. Wir HURT standen am Brunnen beim Markusturm, wo es auch Brotzeiten und Getränke gab und spielten unsere neu eingeprobten Songs. Eine bunte Mischung aus Tanzliedern und Rock-Pop, vom Schneewalzer bis Crocodile Rock.

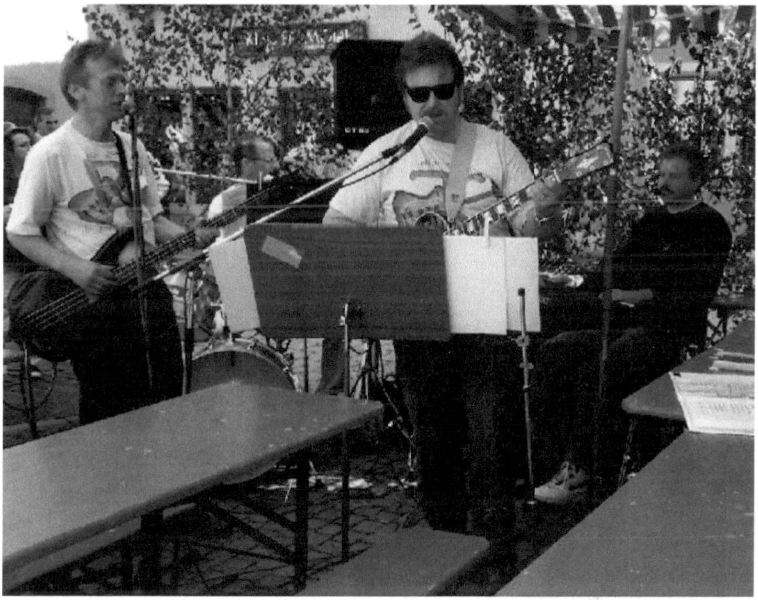

HURT bei den Rothenburger Reichsstadt-Festtagen 1997

Am Montag nach diesem Wochenende erschien ein großer Artikel im Rothenburger Lokalteil des Fränkischen Anzeigers. Darin stand unter anderem:

Freilich wirkt manches allzu unstimmig – so wenn die begeistert vom Publikum aufgenommenen mittelalterlichen Gesänge und Lumpeliedli am Markusturm-Eck von einer den Schneewalzer spielenden Combo am Markusbrunnen beeinträchtigt wird, die wohl eher ins Bierzelt passen würde. Aber das mögen Randerscheinungen sein...

Es folgten einige Jahre mit einigen guten Auftritten, wie zum Beispiel Faschingsveranstaltungen beim Schützenverein, oder bei den Sparkassenleuten.

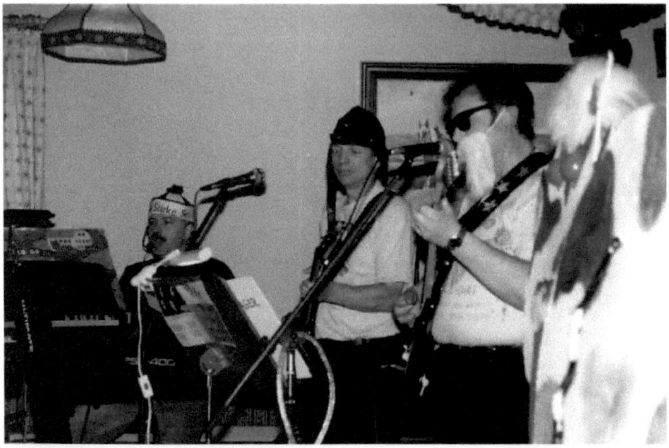

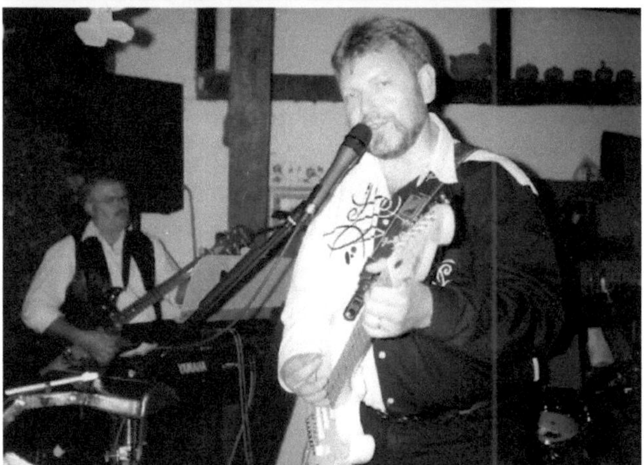

Einmal spielten wir auch bei einer Faschingsveranstaltung in einer Sporthalle in Landshut. Ich erinnere mich noch gut an diese schöne, aber auch stressige Aktion. Von Neusitz aus starteten wir mit einem Anhänger voll Equipment und fuhren in vier Stunden nach Landshut. Bauten in drei Stunden Ton und Lichtanlage auf. Spielten fünf Stunden in der Halle. Nach einer halben Stunde Verschnaufpause bauten wir zwei Stunden lang unser Equipment wieder ab und fuhren daraufhin in vier Stunden zurück nach Neusitz. Dann entluden unser komplettes Equipment in einer Stunde vom Hänger und verstauten alles in Ulis Keller. Am Sonntagmorgen um neun Uhr fielen wir dann endlich alle todmüde, aber glücklich in unsere Betten.

Unvergesslich ist uns Musikern unsere eigene Veranstaltung am 30. April 2002.

Mit viel Mühe bewerkstelligten wir im Rothenburger Schrannensaal einen Tanz in den Mai. Etwa 500 Gäste füllten den Saal und tanzten bis um 1:30 Uhr in den Mai.

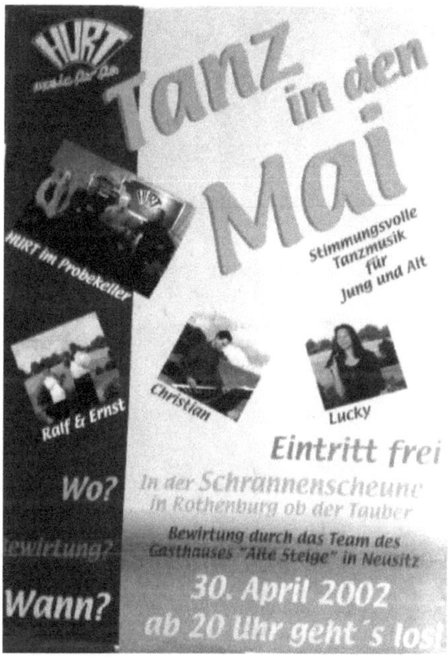

Ein weiteres Highlight war ein Auftritt im Oktober 2002 beim 40-jährigen Betriebsjubiläum der deutschen Filiale der dänischen Designer-Leuchtenfirma Louis Poulsen, bei der ich zu jener Zeit als Gebietsverkaufsleiter angestellt war. Die pompöse Veranstaltung fand auf einem Vergnügungsschiff statt, das auf dem Rhein zwischen Düsseldorf und Köln fuhr.

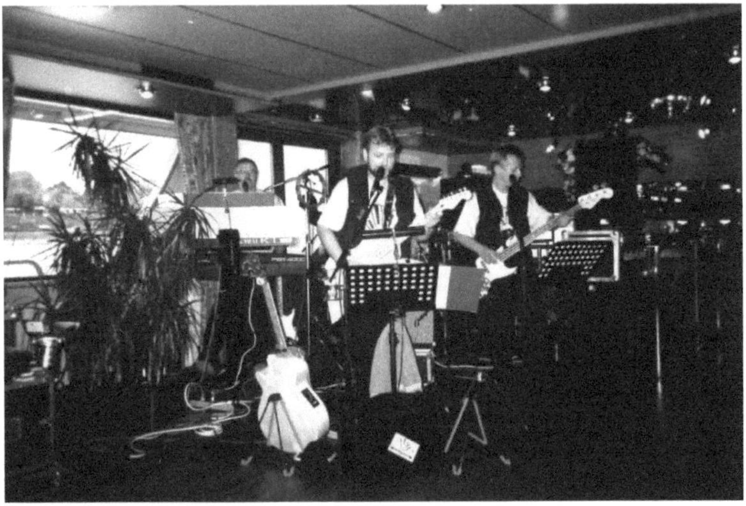

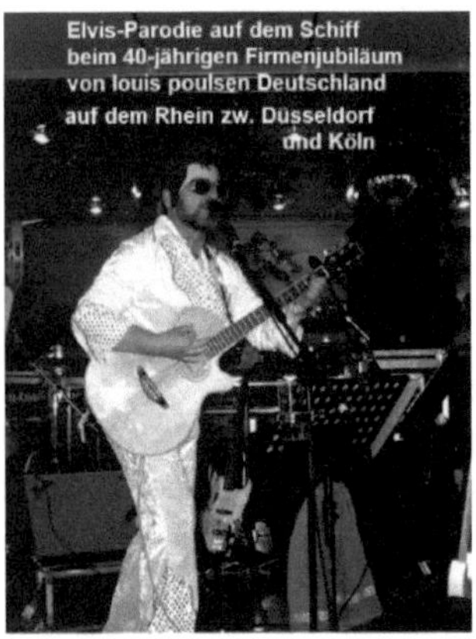

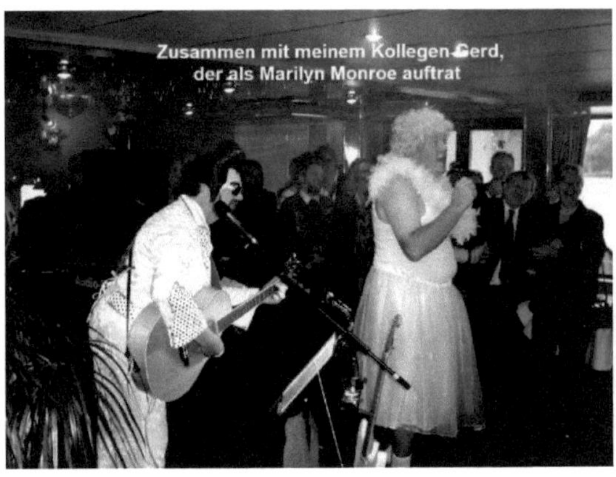

Aber auch sonst hatten wir in den 1990-er Jahren viel Spaß im Probenraum und in Neusitz und bei unseren Auftritten.

Dazu noch ein paar Erinnerungsfotos aus dem Probenraum:

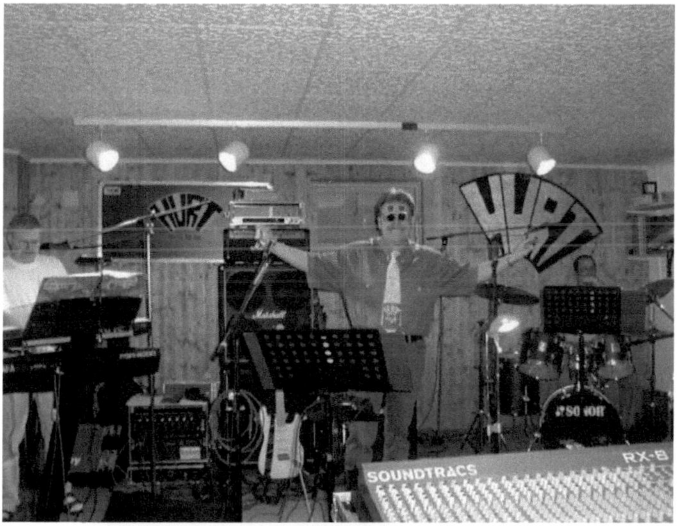

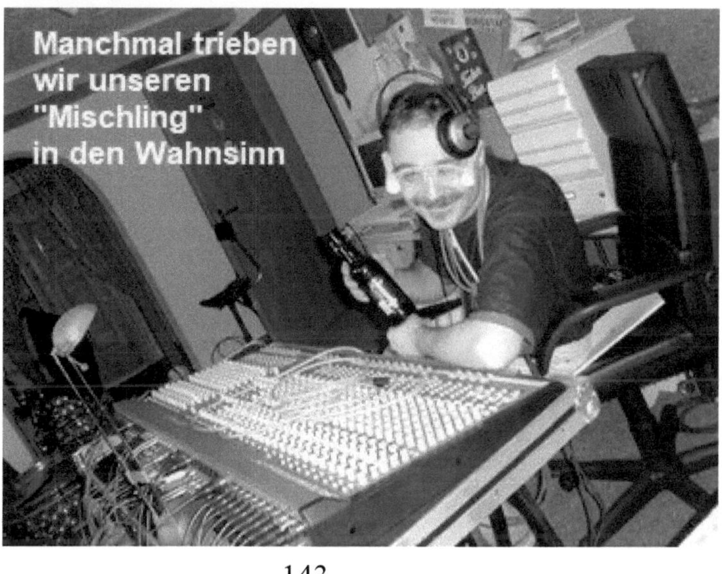

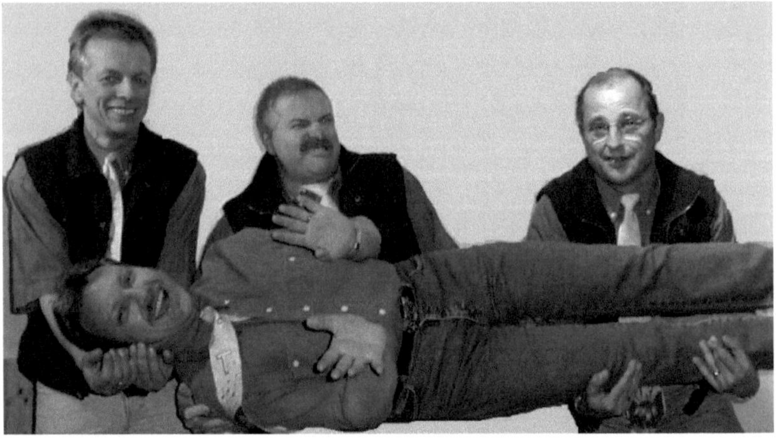

Nach einigen weiteren Auftritten in Sälen der Region Ansbach zerfiel die Gruppe allmählich. Hubert, unser Schlagzeuger, hatte andere Interessen und kam immer weniger zu den Bandproben und Roland, unser Bassist zeigte auch immer weniger Interesse am Bandgeschehen. Einige Zeit spielten noch Uli am Keyboard und ich an der Gitarre als „Schwarz auf Weiß", teilweise auch als „Schwarz-Weiß-Wild" mit einer jungen Sängerin.

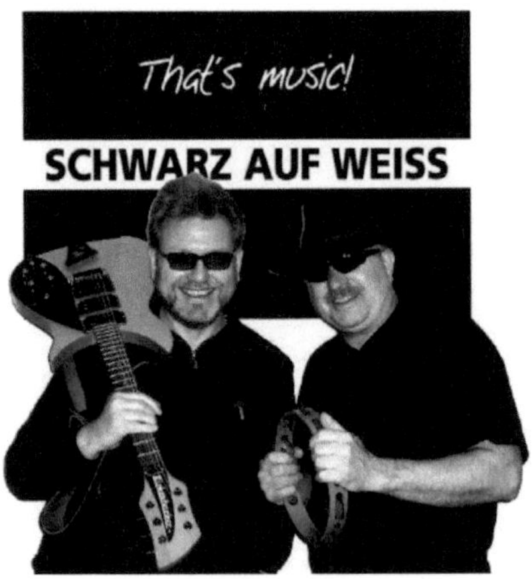

Als Uli beruflich in die Schweiz ging, war es dann ab 2006 vorbei mit unserer Zwei-Mann-Band. Ich spielte wieder alleine für mich, wie so oft in meinem Chaos-Musikkeller in der Würzburger Lehmgrubensiedlung.

War es das nun mit der Musik… nein, 2014 kam ich zu der Würzburger Coverband „The Top Oldies“ und wirke seither bei zahlreichen Auftritten mit.

Hauptsächlich spielten wir auf Oldtimer Festivals, wo wir die Oldtimerauto-Bewunderer mit Oldie-Hits der 1960-er bis 1980-er unterhielten.

Wir spielten auch auf Weinfesten, Jubiläen, ja sogar auf dem Würzburger Weihnachtsmarkt und während einer Glühwein-Party auf einem Weingut. Außerdem veranstalteten wir einige Tee-Tanznachmittage. So hatten wir bis zu 20 Auftritte im Jahr.

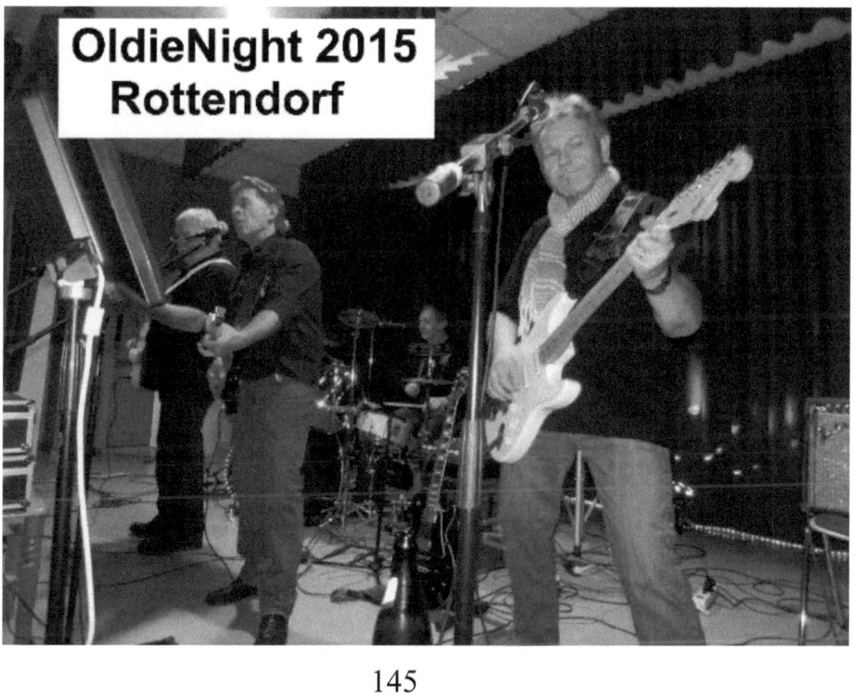

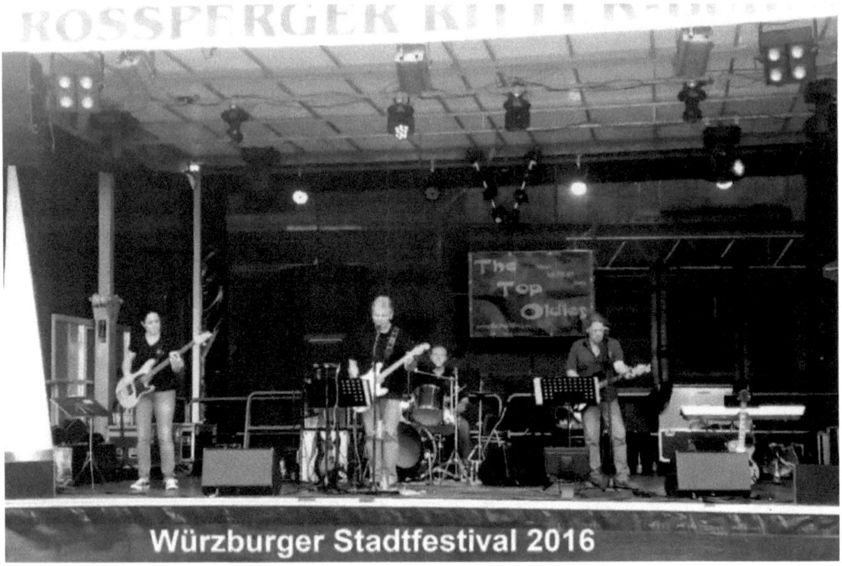

Die Top Oldies auf dem Würzburger Stadtfestival

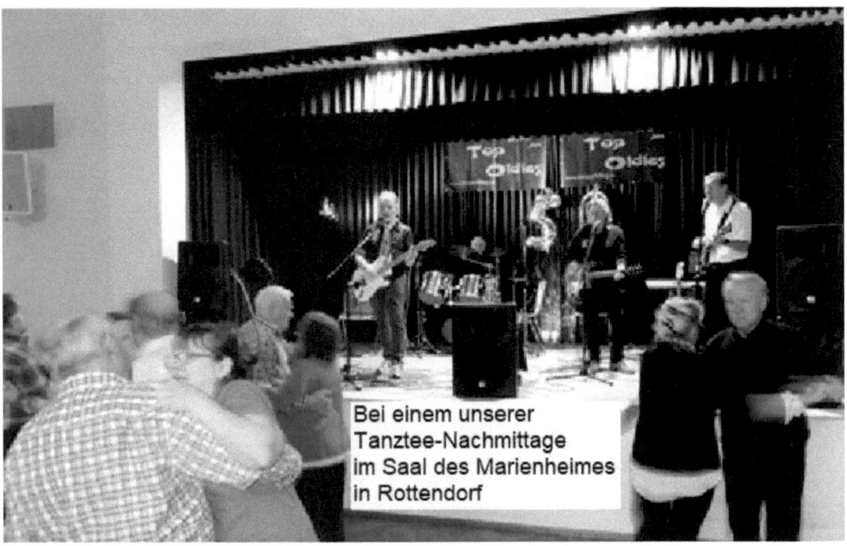

Bei einem unserer Tanztee-Nachmittage im Saal des Marienheimes in Rottendorf

Dann kam Corona! - Bedeutet dies das Ende?
Wie sagt ein Hätzfelder: Im Lääbä ned!
Die Musik stirbt zuletzt! Und so geht es musikalisch munter weiter.
So lautet mein Motto:
Mein Leben ohne Musik wäre wie Spaghetti ohne Tomatensoße – zu lang, zu dünn, zu fad.
Welches Lied wünsche ich mir bei meiner Beerdigung?
Natürlich “Junge, komm bald wieder”!

Nachwort

Wir schreiben die 20er Jahre im 21. Jahrhundert.

Pandemie, Krieg, krankhaftes Gesundheitssystem, Volks-Verdummung und zahlreiche andere Katastrophen überschwemmen zurzeit die Menschheit. Eine Besserung der Weltlage ist nicht abzusehen. Besonders in Deutschland nehmen die Gier und der Extremismus aller Richtungen zu. Zu viele geistig Verwirrte meinen, mit ihrem aggressiven Verhalten die Welt retten zu können. Wer am lautesten brüllt meint, er hat recht. Einen goldenen Mittelweg kennen heutzutage leider die Wenigsten.

Umso sehr wünscht man sich, in diesen schwierigen Zeiten, die sogenannte „Gute alte Zeit“ zurück.

Natürlich erinnert man sich dabei hauptsächlich an deren guten Tage und schönen Erlebnisse. Doch vieles ist in den dunklen Gehirnwindungen eines alten (Kinds-)Kopfes verschollen. Während ich das Nachwort schreibe, fallen mir etliche Geschichten ein, die eigentlich auch in das Buch gehört hätten. Außerdem bin ich mir ziemlich sicher, dass ich viele Begebenheiten vergessen habe, vieles zu kurz angerissen, manches falsch dargestellt und einige Aussagen für viele befremdlich dargestellt habe. Möge man mir dies verzeihen. Führen Sie es bitte einfach auf mein relativ hohes Alter zurück. Ich bin wahrscheinlich sowieso ein Mensch der aussterbenden Generation.

Herzlich bedanken möchte ich mich bei meinen Lektorinnen Elisabeth Schilling-Küng und Claudia Barthelmes, die wieder eine Menge Arbeit und Geduld hatten, meine geistigen Auswüchse zu korrigieren.

Besonderen Dank an meine liebe Gattin Helga, die es nun schon bald 50 Jahre mit mir aushält und mir meinen

Computer des Öfteren liebend gerne an den Kopf geworfen hätte, an dem ich nach ihrer Meinung immer zu lange gesessen war.
gez.: Toni Schwarz

Hier noch die versprochene Zugabe:

Maulaffaeck (fränglisch) – E.L.Toni Schwarz (geschrieben im Jahr 2000)

(Oufang nur gred):
No, des worn hald no Zeit´n, als mir auf der Rothaustreppn khoggt sin, sou übers Leb´n nochdacht hom und däbei sehnsichti niebergschaut hom, ob endli a Plätzla frei wird - schräch gechnüber, am Wechweiser, über den mer si drüberglehnt hom, un der sich vor lauter Gschmarri wosser ouhärn hat missn, nach vorn zum Kotzn beicht hat.
- Des wor unser geliebdes Maulaffaeck.
Ach ja - the good old times - never come back
and no crazy kids stenna mehr am – Maulaffaeck!

Oufang vom erschdä Versch:

Between Rädlasdura - un der Hofagass
wor a communication-center - from first class
mer hat si dort droffn - net nur um zu glotzn
mer konnde dort a doll - iber anderi motzn

Des wor the funniest place - in derre City
Den crazy Amis hommer zugschaut, un die Japsn worn pretty

Mer konnte dort stundnlang - glodzn un stehn
und talken übers wichtige - Dochesgeschehn

Refrengg:

The good old times - never come back
and no crazy kids stenn am - Maulaffaeck
The good old times - never come back
and no crazy kids stenn am – Maulaffaeck
Derr näxde Versch:

Doch scho vor längrer time - is wos furchtboars bassiert
des Wechweiserschild - hommse abmontiert
die Rodeburcher Kids - diä denna mer leid
hom ka Smalltalk-Station mehr - un hom a ka Freid

Ka wunner wenn die jungä Leid- verblöden wiea die Deppn
Dieä macha ja net amol a sit-in - auf der Rothaustrepp´n
Ihrn Kinnern kennas net amol erzähln – a ge verregg
Wie schäes amol wor - am Maulaffaeck

Etzadlä widder der Refrengg:

The good old times never come back
and no crazy kids stenn am - Maulaffaeck
The good old times never come back
and no crazy kids stehn am - Maulaffaeck

(traurich) langsam ausklingä lassä:

The good old times - never come back
and no crazy kids stenn am – Maulaffaeck